分県登山ガイド 18

石川県の山

金沢ふるさと愛山会 編著

山と溪谷社

分県登山ガイド――18

石川県の山

目次

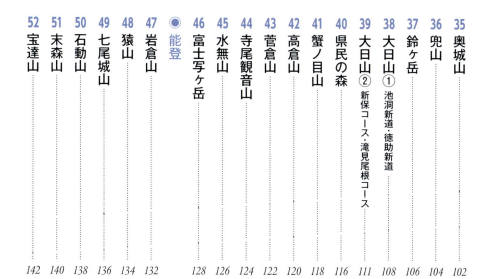

●本文地図主要凡例●

紹介するメインコース。

本文か脚注で紹介しているサブコース。一部、地図内でのみ紹介するコースもあります。

Start Goal Start Goal 225m 出発点／終着点／出発点・終着点の標高数値。

管理人在中の山小屋もしくは宿泊施設。

紹介するコースのコースタイムのポイントとなる山頂。

コースタイムのポイント。

管理人不在の山小屋もしくは避難小屋。

石川県の山全図

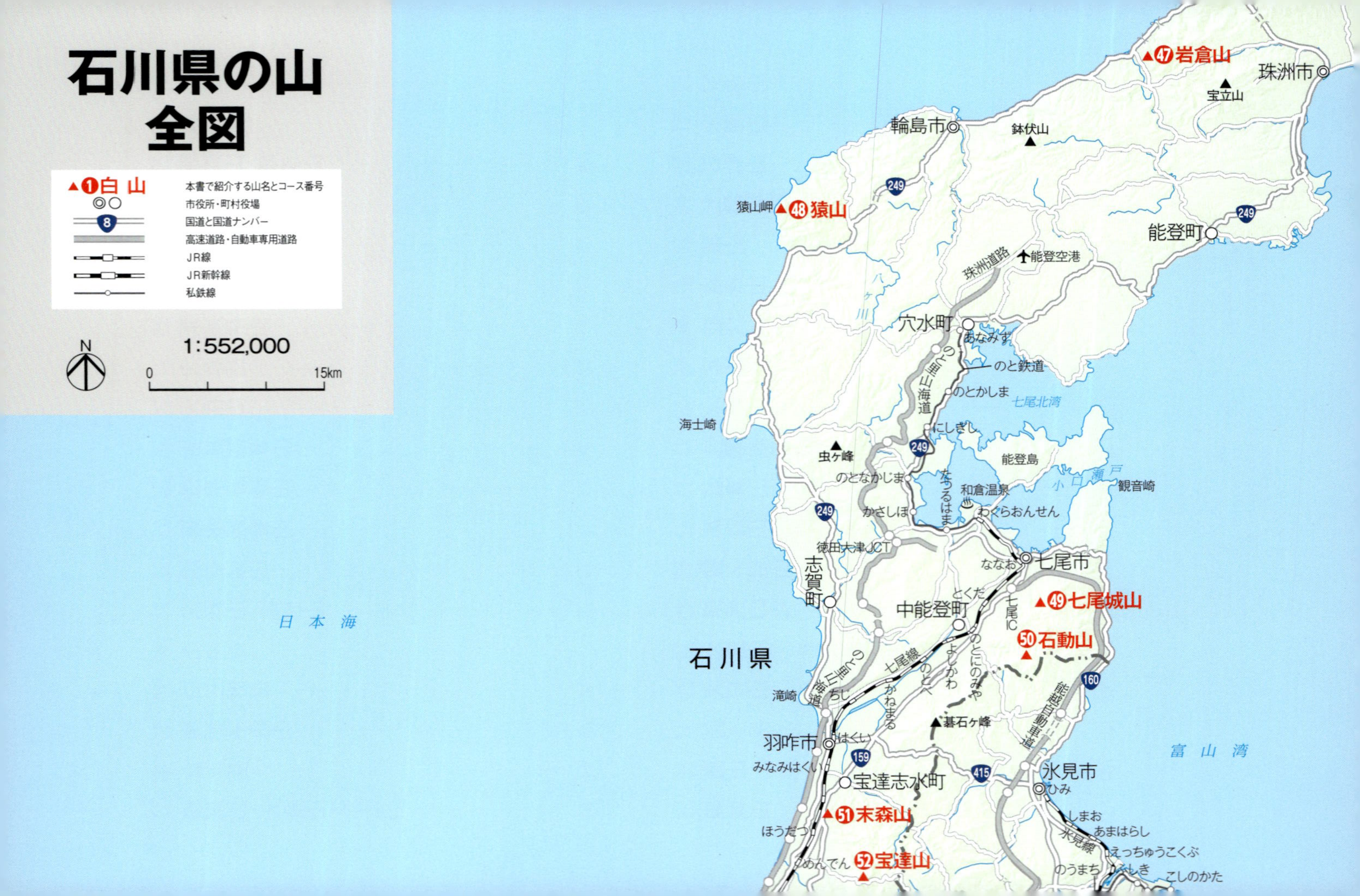
▲❶白 山　本書で紹介する山名とコース番号
◎○　市役所・町村役場
国道と国道ナンバー
高速道路・自動車専用道路
JR線
JR新幹線
私鉄線
N
1:552,000
0
15km
日 本 海
富 山 湾
石川県
▲47岩倉山
珠洲市
宝立山
輪島市
鉢伏山
猿山岬
▲48猿山
能登町
能登空港
珠洲道路
穴水町
あなみず
のと鉄道
のとかしま
七尾北湾
のと里山海道
海士崎
にしぎし
虫ケ峰
能登島
のとなかじま
なつるはま
和倉温泉
小口瀬戸
観音崎
かさしほ
わくらおんせん
徳田大津JCT
ななお
七尾市
志賀町
中能登町
とくだ
七尾IC
▲49七尾城山
50石動山
七尾線
よしかわ
のとにのみや
のとべ
能越自動車道
滝崎
ちし
かねまる
碁石ケ峰
羽咋市
はくい
みなみはくい
宝達志水町
氷見市
ひみ
▲51末森山
しまお
あまはらし
ほうだつ
氷見線
えっちゅうこくぶ
めんでん
52宝達山
のうまち
ふしき
こしのかた

富山県
岐阜県
福井県
金沢市
富山市
高岡市
小矢部市
砺波市
南砺市
射水市
かほく市
津幡町
内灘町
野々市市
白山市
川北町
能美市
小松市
加賀市
あわら市
坂井市
福井市
永平寺町
上志比村
勝山市
白川村
飛騨市
高山市
1 白山 御前峰
2 白山 別山
3 白山 白山釈迦岳
4 指尾山
5 長倉山
6 猪鼻山
7 赤兎山
大長山 7
8 おまえ山
9 鳴谷山
10 大嵐山
11 笈山
11 オンソリ山
12 医王山 奥医王山
13 医三山 白兀山
14 箱屋谷山
戸室山 15
キゴ山 15
16 吉次山
16 高尾山
順尾山 17
17 大倉山
17 赤堂山
18 倉ヶ岳
19 奥獅子吼山
20 口三方岳
21 高野山
21 揚原山
虚空蔵山 22
23 遣水観音山
遊泉寺砂山 24
25 岩倉観音山
26 大岳山
27 大倉岳
粟津岳山 28
清水山 29
茶臼山 29
おくりび山 30
31 動山
32 鷹落山
32 蓮如山
鞍掛山 33
三童子山 34
35 奥城山
36 兜山
37 鈴ヶ岳
38 39 大日山
40 県民の森
蟹ノ目山 41
高倉山 42
43 菅倉山
寺尾観音山 44
水無山 45
富士写ヶ岳 46
三国山
大門山
奈良岳
大笠山
笈ヶ岳
三方岩岳
三ヶ辻山
御前岳
金剛堂山
白木峰
平
北陸新幹線
北陸自動車道
能越自動車道
東海北陸自動車道
北陸鉄道浅野川線
北陸鉄道石川線
えちぜん鉄道
高山本線
富山地鉄本線
白山白川郷ホワイトロード
飛騨トンネル
手取川ダム
大白川ダム
御母衣ダム
御母衣湖
刀利ダム
下小鳥ダム
宇津江四十八滝
湯涌温泉
山中温泉
片山津温泉
あわら温泉
小松空港
富山空港
兼六園
柴山潟
河北潟
金沢東IC
金沢森本IC
金沢西IC
美川IC
小松IC
片山津IC
加賀IC
金津IC
丸岡IC
福井北IC
小矢部東IC
小矢部砺波JCT
砺波IC
福光IC
五箇山IC
白川郷IC
飛騨清見IC
福岡IC
高岡IC
小杉IC
富山西IC
富山IC
敦賀へ
下呂へ

概説 石川県の山

元藤映了

●山々の特徴

石川県の山は、金沢《かなざわ》平野や加賀《かが》平野から標高を上げていく加賀地域の山と、長靴のように突き出した能登《のと》半島に大別できる。加賀地域は県内最高峰の標高2702メートルの白山《はくさん》を中心に、それを取り巻く山々で構成される。加賀地域はさらに金沢市周辺、南加賀、白山周辺に細分される。一方、能登は標高637メートルの宝達山《ほうだつさん》を最高峰にしてそれ以下の丘陵地が広がる。

■白山とその周辺の山

ほとんどが白山国立公園のエリアに入っており、広大なブナ林や高山植物が多く見られる。標高2000メートルを超える山は、白山の3峰（御前峰《ごぜんがみね》、剣《けん》ケ峰《みね》、大汝峰《おおなんじみね》）のほかに、白山釈迦岳《はくさんしゃかだけ》、別山《べっさん》、四塚山《よつづかやま》のみで、いずれも登山道がある。深田久弥が『日本百名山』に加えたかった笈《おいずる》ヶ岳《たけ》には登山道はなく、積雪期の登山となる。

■金沢市周辺の山

金沢市街を流れる浅野《あさの》川や犀《さい》川流域（犀奥《さいおく》）の山だが、代表格は金沢市民に親しまれている医王山《いおうせん》とその周辺の山である。

犀奥の山の場合、林道が入り、アクセスが容易な山もあるが、富山県境の大門山《だいもんざん》など、名だたる山の中には、石川県側からの登山道がなく、富山県に譲った山もある。

■南加賀の山

標高の高い山は少ないが、平野から直に立ち上がっている山が多く、標高の割には急峻で、奥深さを感じさせてくれる。山頂から日本海が望める山もあり、特色のある山が多い。福井県境付近の山、富士写《ふじしゃ》ヶ岳《たけ》、大日山《だいにちざん》などはホンシャクナゲの群落を求めて県外からの登山者も多い。

■能登の山

標高は低く、里山が多い。また山頂近くまで林道が入っている山も多く、登山としての魅力には欠けるが、マイカー利用者には都合がよい。日本海を見下ろしたり、能登丘陵を背景に登るのもよい。信仰の対象となっている山も多いが、かつてあった山道が廃道になっているケースも見られる。山頂周辺にブナ林を形成している山が多く、11月の紅葉シーズンにはドライブを兼ねての登山も楽しめる。

●動物と植物

かつて山村での動物被害はニホンザルによるものだったが、近年はニホンイノシシが全県的に増え、被害が多くなってきた。今のところ、出没は夜間のみで登山者に被害が出ていないのは幸いだ。

白山・砂防新道の十二曲がり付近のお花畑

初夏、笈山山頂から新緑の尾根の先に白山を遠望する

登山者におよぼす被害はツキノワグマによるものが多い。集団で登山するなど、クマ対策をすれば被害にあうことはない。

ニホンカモシカの出没情報を聞くが、今のところ人への被害はない。

植生は標高500㍍クラスの低山帯では、針葉樹の植林が石川県の山には多い。加賀地方では杉、能登地方ではアテ（ヒノキアスナロ）が主だ。標高1000㍍を超えると、加賀のほとんどの山で大きなブナ林が見られる。新緑や紅葉シーズンは、登山者を誘う魅力が充分だ。

春は多くの山は花で彩られる。深山ではホンシャクナゲ、低山ではユキグニミツバツツジやユキバタツバキが代表格だ。

足もとをカタクリやトキワイカリソウ、トクワカソウ（イワウチワの一種）、オオイワカガミが彩る。初夏の亜高山帯ではニッコウ

富士写ヶ岳に咲くホンシャクナゲ

秋色の石動山・伊須流岐比古神社石段

新緑がまぶしいブナ林

キスゲが主役となる。

「花の百名山」に数えられる白山の高山帯では高山植物の群落が見られる。ハイマツ原とともにミヤマクロユリやハクサンコザクラなどの高山植物の群落、多種類の高山植物で構成されるお花畑、多様多彩なところが白山のお花畑の特色である。

●気候の特徴

北陸の雪は重くて冷たい。気温が中途半端なせいで、水気を含んで重く、体が濡れるので寒い。11月から12月にかけては雷が多く、その後は雪になることが多い。天気予報には充分に関心をもちたい。

3月中旬になると能登の山から花の便りを聞くようになる。しかし、加賀地方の山では雪崩注意報が出るほどに危険な状態だ。残雪が堅くなるのは4月以降。春山シーズンとなるが、標高1000メートルクラスの山が安全な状態になるのは5月に入ってから。1500メートルクラスとなると、5月下旬になる。

夏の金沢は、日本一高温となる日がかなりある。標高が低い山では辛い登山となる。一方で白山などの高山では色とりどりの高嶺の花が咲き、全国から多くの登山者を迎える。

秋は9月に入って、白山の高山帯の紅葉からはじまる。紅葉前線はしだいに山を下り、中腹のブナ林が色づくのは10月中旬。そのころには高い山では初雪が訪れる。

●交通機関

バスや鉄道の便は総じて悪く、マイカーやタクシーの利用が便利である。白山へのバス運行は夏山シーズンだけで、事前に運行期間を確認して出かけたい。また白山の主登山口である別当《べっとう》出合《であい》とその入口である市《いち》ノ瀬《せ》間は、登山最盛期にはマイカー規制がしかれる日があり、公共のバスでの入山となる。

南加賀や能登の里山は、地域住民の足の確保という観点からコミュニティバスの運行もあり、一部では利用可能だ。

●事故を防ごう

最近の登山中の事故の多くは中高年者によって引き起こされている。石川県内の山でも増加傾向にある。滑落や捻挫といった登山者自らの不注意で引き起こされることが多い。体調管理には万全を期し、注意深く行動することが肝要だろう。

「石川県白山における火山災害による遭難の防止に関する条例」

白山・室堂平付近のコバイケイソウ群落

が施行され、活火山である白山の火口域から半径4キロのエリアに入る登山者に登山届の提出が義務付けられた。違反すると罰金が科せられる。先の御嶽山の火山災害がひとつのきっかけになったとはいえ、登山者が自らの安全を確保するためにも必要な措置であるといえよう。

うっすらと雪化粧した初冬の白山・御前峰

本書の使い方

■日程　金沢市を起点に、アクセスを含めて、初級クラスの登山者を想定した日程としています。

■歩行時間　登山の初心者が無理なく歩ける時間を想定しています。ただし休憩時間は含みません。

■歩行距離　2万5000分ノ1地形図から算出したおおよその距離を紹介しています。

■累積標高差　2万5000分ノ1地形図から算出したおおよその数値を紹介しています。は登りの総和、は下りの総和です。

■技術度　5段階で技術度・危険度を示しています。は登山の初心者向きのコースで、比較的安全に歩けるコース。は中級以上の登山経験が必要で、一部に岩場やすべりやすい場所があるものの、滑落や落石、転落の危険度は低いコース。は読図力があり、岩場を登る基本技術を身につけた中〜上級者向きで、ハシゴや鎖場など困難な岩場の通過があり、転落や滑落、落石の危険度があるコース。は登山に充分な経験があり、岩場や雪渓を安定して通過できる能力がある熟達者向き、危険度の高い鎖場や道の不明瞭なやぶがあるコース。は登山全般に高い技術と経験が必要で、岩場や急な雪渓など、緊張を強いられる危険箇所が長く続き、滑落や転落の危険が極めて高いコースを示します。『石川県の山』の場合はが最高ランクになります。

■体力度　登山の消費エネルギー量を数値化することによって安全登山を提起する鹿屋体育大学・山本正嘉教授の研究成果をもとにランク付けしています。ランクは、①歩行時間、②歩行距離、③登りの累積標高差、④下りの累積標高差に一定の数値をかけ、その総和を求める「コース定数」に基づいて、10段階で示しています。が1、が2となります。通常、日帰りコースは「コース定数」が40以内で、〜（1〜3ランク）。激しい急坂や危険度の高いハシゴ場や鎖場などがあるコースは、これに〜（1〜2ランク）をプラスしています。また、山中泊するコースの場合は、「コース定数」が40以上となり、泊数に応じて〜もしくはそれ以上がプラスされます。『石川県の山』の場合はが最高ランクになります。

紹介した「コース定数」は登山に必要なエネルギー量や水分補給量を算出することができるので、疲労の防止や熱中症予防に役立てることもできます。体力の消耗を防ぐには、下記の計算式で算出したエネルギー消費量（脱水量）の70〜80パーセント程度を補給するとよいでしょう。なお、夏など、暑い時期には脱水量はもう少し大きくなります。

	時間の要素		距離の要素		重さの要素
行動中のエネルギー消費量（kcal） =	1.8×行動時間（h）	+	0.3×歩行距離（km） + 10.0×上りの累積標高差（km） + 0.6×下りの累積標高差（km）	×	体重（kg）+ザック重量（kg）
＊kcalをmlに読み替えるとおおよその脱水量がわかります	山側の情報 ―「コース定数」				登山者側の情報

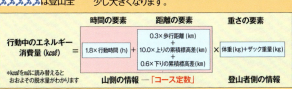

白山の花図鑑

＊表記の花期はおおよその時期を示します。

写真＝元藤映了

タマガワホトトギス 7～8月

タチツボスミレ 5月

ソバナ 7～8月

ウバユリ 7～8月

ツクバネソウ 6月

スミレサイシン 5月

別当出合《べっとうであい》～中飯場《なかはんば》

エンレイソウ 7月

マイヅルソウ 7～8月

キツリフネ 7～8月

ヤマアジサイ 7～8月

ミソガワソウ 7～8月

センジュガンピ 7～8月

ツルリンドウ（実） 9～10月

ニリンソウ 5～6月

ニシキゴロモ 7～8月

マルバマンサク 4～5月

ツバメオモト（実） 9月

ノリウツギ 8月

オオバギボウシ 7～8月

ツルニンジン 7～8月

ツリフネソウ 7～8月

ホタルブクロ 7～8月

アカショウマ 7〜8月

ミヤマアキノキリンソウ 8〜9月

イブキトラノオ 7〜8月

甚之助《じんのすけ》避難小屋《ひなんごや》周辺《しゅうへん》

シシウド 7〜8月

ヨツバシオガマ 7〜8月

キバナノコマノツメ 7〜8月

ミヤマアカバナ 7〜8月

ヤマハハコ 7〜9月

オオヒョウタンボク 7〜8月

ハクサントリカブト 7〜8月

オオバミゾホオズキ 7〜8月

ノアザミ 7〜8月

サンカヨウの実 7〜8月

ミヤママンネングサ 7〜10月

オニシモツケ 7〜8月

オニシモツケの実

ヨツバヒヨドリ 8月

チシマザサ 7〜8月

オタカラコウ 7~8月

黒《くろ》ボコ岩周辺《いわしゅうへん》

ミヤマダイモンジソウ 7~8月

ウメバチソウ 7~8月

オオレイジンソウ 7~8月

エゾシオガマ 7~8月

オヤマリンドウ 8~9月

イワショウブ 7~8月

オオカニコウモリ 7~8月

ミツバノバイカオオレン 6~7月

オトギリソウ 7~8月

シナノキンバイ 7~8月

サラシナショウマ 7~8月

カライトソウ 7~8月

クロクモソウ 7~8月

シモツケソウ 7~8月

タカネナデシコ 7~8月

ミネウスユキソウ 7~8月

モミジカラマツ 7~8月

タカネマツムシソウ 8~9月

ミヤマホツツジ 7~8月

ハクサンフウロ 7~8月

ハクサンシャクナゲ 7~8月

タテヤマアザミ 7~8月

テガタチドリ 7~8月

ベニバナイチゴ 7月

ミヤマコウゾリナ 7~8月

タカネニガナ 7~8月

リュウキンカ 7~8月

キヌガサソウ 7~8月

ニッコウキスゲ 7~8月

ミヤマキンバイ 7~8月

チングルマ 7~8月

クルマユリ 7~8月

室《むろ》堂《どう》周《しゅう》辺《へん》

イワイチョウ 7~8月

アマニュウ 7~8月

クロユリ 7~8月

コイワカガミ 7~8月

ゴゼンタチバナ 6~7月

カニコウモリ 7~8月

ウラジロナナカマド 7月

コバイケイソウ 7~8月

ハクサンコザクラ 6~7月

白山《はくさん》山頂《さんちょう》周辺《しゅうへん》

イワツメクサ 7~8月

イワギキョウ 7~8月

ミヤマリンドウ 6~7月

アカモノ（実）9月

ミヤマタネツケバナ 7~8月

アオノツガザクラ 7~8月

シラタマノキ 9~10月

オンタデ 7~8月

ハクサンボウフウ 7~8月

01

「日本三霊山」の一山で、高山植物の宝庫

白山《はくさん》① 御前峰《ごぜんがみね》 2702m

一泊二日

1日目 歩行時間＝4時間20分 歩行距離＝5・8km
2日目 歩行時間＝5時間15分 歩行距離＝8・6km

技術度
体力度

コース定数＝**39**

標高差＝1442m

累積標高差 ↗1691m ↘1691m

白山は、養老元（717）年、泰澄大師によって開山された霊峰で、古歌にも「こしのしらね」として数多く登場する。「花の百名山」にも数えられ、その種類の多さは抜きん出ている。ハクサンコザクラなど、「ハクサン」を冠する植物は20を超え、ここより西には高い山はなく、分布の南西限となる植物も多い。

登山ルートは多数あるが、別当《べっとう》出合《であい》からのメイン・ルートは、夏の最盛期には混雑することもある。別山《べっさん》、白山釈迦岳《しゃかだけ》へのコースなどもあるが、南縦走路、北縦走路となると避難小屋に泊まるしかなく、しかも交通の便は悪い。ここでは、季節運行の登山バスを利用して、別当出合から御前峰を目指す代表的なコースを紹介しよう。なお、白山は活火山であることから、山頂を中心に半径4キロ以内へ立ち入る際は、登山届の提出が義務づけられている。

御前峰山頂。右奥は別山

第1日　砂防新道から室堂へ

白山登山口として最も一般的な**別当出合**は、標高約1260メートルにあり、ここから標高差約1200メートルの白山室堂《むろどう》を目指す。まずは吊橋を渡り砂防《さぼう》新道に入る。この先は登り専用の急な石段となる。これをすぎるとサワグルミやブナ林の道が続く。この付近は紅葉シーズンにはイタヤカエデやハウチワカエデ、ウリハダカエデなどの紅葉が美しい。**中飯場**《なかはんば》に到着すると

白山市白峰地区にある西山からの白山

砂防新道の紅葉

別当出合登山口

←御前峰から大汝峰を望む。眼下に油ヶ池と紺屋ヶ池が見える

←南竜分岐から別山を望む

水場やトイレがある。谷の奥には不動《ふどう》滝と柱状節理の岩盤が目につく。亜高山帯に入るとダケカンバが優勢となる。標高約1750《メートル》の別当覗《べっとうのぞき》に到着すると別当谷を見下ろし、展望も開ける。

さらに標高が上がるとオオシラビソが増え、右前方に険しい甚之《じんの》助《すけ》谷を時々眺めながら登ると、**甚之助避難小屋**に着く。トイレ、水の補給もできる。

ここから南竜《なんりゅう》分岐まではやや急坂なのできつくなるが、高山植物を観察しながらゆっくり登りたい。**南竜分岐**では一段と展望が開け、視界がよければ別山方面の稜線がくっきりと見える。この付近は高山植物も豊富だ。ここからは稜線の西側の斜面を横切るように登る。沢からは水が流れ、のどをうるおすこともできる。やがて十二曲《じゅうにま》がりの登りとなる。延命水《えんめいすい》があり、高山植物も多い。登りきると**黒ボコ岩**で、観光《かんこう》新道への分岐となる。緩やかに続く弥陀《みだ》ヶ原《はら》の木道の前方に、山頂付近が一望できる。木道を終えると最後の五《ご》

池めぐりコースから大汝峰を仰ぎ見る

翠ヶ池と剣ヶ峰

御前峰山頂で御来光に沸く大勢の登山者。雲海の彼方に御嶽山が浮かぶ

葉坂《ようさか》の登りとなる。ハイマツが茂る森林限界に入り、登りきると宿泊地の**白山室堂**に到着する。

第2日　山頂と池をめぐり下山

　未明から御前峰山頂を目指し、御来光を待つ。**御前峰**山頂からは「お池めぐりコース」に入る。大小7つの火口湖があり、特に翠《みどり》ヶ池のコバルトブルーの湖面と、遠方の北アルプスが絶景ポイントだ。また、千蛇《せんじゃ》ヶ池は万年雪に覆われることが多い。室堂が見えるころには、コースの両脇にミヤマクロユリが多く見られる。

　早立ちの朝は、**室堂**に帰着後に食事休憩をとるとよいだろう。シーズン中は解説員による室堂周辺、お池めぐりコースの観察会も行われる。

　下りは観光新道コースとするが、雨天時は安全のため、エコーラインコースを経て登りと同じ砂防新道をとることをすすめたい。

　観光新道の馬のたてがみでは高山植物が美しいが、ガレ場があり、高山植物に見とれていると足もとが揺らぎ転倒しかねないので、充分に注意したい。**殿《との》ヶ池避難小屋**では、トイレは可能だが水はない。その後の下りはところどころ急なので慎重に行動しよう。急坂を終えると樹林帯に入り、**別当出合**登山口に到着する。

（三谷幹雄）

■鉄道・バス

往路・復路＝JR北陸新幹線金沢駅から7月中旬～8月中旬の毎日、7月上旬と8月中旬以降10月中旬までは土・日曜、祝日・祝前日に、北陸鉄道の白山登山バスが運行される。運行日は北陸鉄道のホームページなどで事前確認のこと。期間外はタクシーを利用。

■マイカー

金沢市街から国道8号、157号を南下。白峰の交差点を左折し、県道33号で別当出合へ。白山登山バス運行日は交通規制のため、市ノ瀬駐車場に車を置き、シャトルバスで別当出合へ。シーズンのマイカー規制は白山自然保護センターか、白山観光協会が運営するポータルサイト「白山ベストガイド」のホームページから確認できる。

■登山適期

5月1日が春山開き、7月1日が夏山開き。ただし、春山開きには、別当出合登山口までの車道は残雪の影

CHECK POINT

1 別当出合登山口。大鳥居から神域に入り、砂防新道を行く

2 中飯場の休憩所。砂防工事用の林道に出合い、柳谷の堰堤群が目の前だ

3 樹林がとぎれと、すぐに甚之助避難小屋に到着する

4 周囲にお花畑が広がる南竜分岐。砂防新道は左に進む

5 別当谷の源頭をすぎると、やがて十二曲り。延命水でのどをうるおそう

6 黒ボコ岩。前方に弥陀ヶ原が広がり、白山主峰の御前峰も見える

7 弥陀ヶ原をすぎ、五葉坂を登ると白山室堂ビジターセンターに到着

8 御前峰山頂から雲海の向こうに北アルプスを望む

9 コバルトブルーの水を湛える翠ヶ池。御前峰周辺では最大の池

10 下山に使う観光新道は、ガレている箇所もある。慎重に足を運んで下ろう

11 お花畑が広がる急斜面の馬のたてがみを下ると殿ヶ池避難小屋に到着

12 「室堂3㌔、別当出合3㌔」の道標がある観光新道中間点の仙人窟

響で開通していないことが多い。残雪の時期から紅葉の11月上旬まで登山可能だが、道路状況の確認が必要。

■アドバイス

▽白山は活火山で、現在は噴火警戒レベル1となっている。ヘルメットの持参を奨励する。登山届が義務化されていて、インターネットやスマートフォンからも届け出が可能。

▽「白山ベストガイド」から日本語版や英語版など数箇国語の白山のパンフレットがダウンロードできる。

▽白山室堂は5月1日より10月15日まで営業。食事の提供は夏山開きの7月1日前日の夕食から。南竜山荘は7月1日から10月15日までの営業。白山室堂と南竜山荘の宿泊は予約が必要（いずれも予約開始は毎年4月1日から。白山室堂および白山雷鳥荘予約センター☎076・273・1001、南竜山荘および南竜ヶ馬場ケビン予約センター☎076・259・2022）。

■問合せ先

市ノ瀬ビジターセンター☎076・259・2504、石川県白山自然保護センター☎076・255・5321、北陸鉄道テレホンサービスセンター☎076・237・5115、石川土木総合事務所☎076・272・1188

■2万5000分ノ1地形図

白山・加賀市ノ瀬

岩間温泉へ
2366
2416
中宮温泉へ
2109
岩間道
中宮道
大汝峰
2684
白山
2244
翠ヶ池
1-9
剣ヶ峰
2677
1951
2278
千蛇ヶ池
1.10
1.30
御前峰
1-8
2702
白山奥宮
標柱
3-5
白山釈迦岳
お花畑
2470
2053
池めぐりコース
0.40
0.30
2489
0.15
2000
白山比咩神社祈祷殿
室堂平
釈迦岳前峰
3-4
室堂
室堂センター
平瀬道
2448
1-7
マツムシソウ、ウサギギク
足もと注意
ハイマツが多い高原
0.40
0.25
五葉坂
白水湖へ
千仞滝
2271
1842
ササ地、眺望がよくなる
3-3
1-6
黒ボコ岩
弥陀ヶ原
蛇塚
トンビ岩コース
1-10
2345
馬のたてがみ
延命水
1-5
エコーライン
2199
1-11
殿ヶ池避難小屋
0.50
1.30
十二曲がり
0.45
0.30
万才谷
眺めのよい尾根道
1503
仙人窟
1-12
1972
1-4
南竜分岐
0.25
0.15
1.10
1.40
1-3
0.20
2106
観光新道
甚之助避難小屋
2086
2-1
南竜山荘
南竜ヶ馬場
別当坂分岐
急坂。降水時、凍結時注意
0.20
0.25
別当覗
慶松平
1666
1565
1.40
1.20
1.30
1.10
2244
甚之助谷
砂防新道
別当谷
万才谷
4-1
1.20
1.00
2013
油坂
遅くまで残雪あり。滑落注意
中飯場
1-2
2033
1405
1-1
2-2
別当出合
0.50
0.40
不動滝
柳谷川
2256
油坂ノ頭
1260m
1865
岐阜県
Start Goal
Start
天池
2-3
白川村
1995
お花畑が続く
足もと注意
1690
南縦走路
赤谷
1200
大屏風
1658
1300
1491
1400
2276
チブリ尾根避難小屋
1500
御舎利山山頂へ直接登る道は通行禁止
2058
1600
1700
1800
1.20
1.00
曲池
1503
1900
2000
2.00
2.40
チブリ尾根
2100
2342
別山市ノ瀬道
1932
1.30
2.00
2200
2300
白山では珍しいウサギギク
1976
急なジグザグ
御舎利山
2-6
御舎利山分岐
石室
2-4
0.10
N
別山神社
2-5
2399
1239
別山
2324
0
500m
別山谷
1:35,000
高山市
三ノ峰、鳩ヶ湯へ
御手洗池

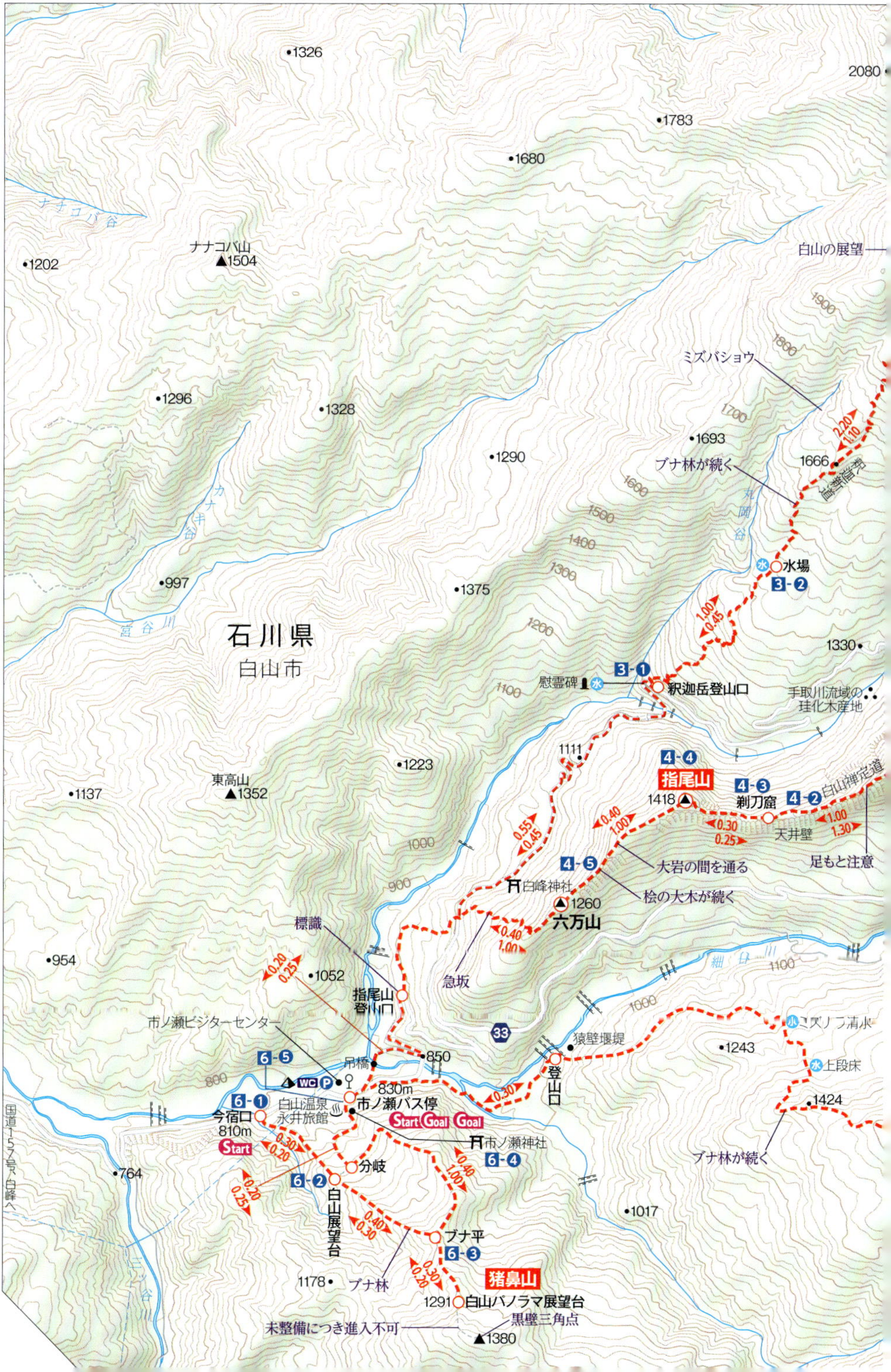

石川県
白山市
ナナコバ谷
ナナコバ山
1504
東高山
1352
カナキ谷
宮谷川
白山の展望
ミズバショウ
ブナ林が続く
1666
丸岡谷
水場
3-2
1330
3-1
慰霊碑
釈迦岳登山口
手取川流域の珪化木産地
1111
4-4
指尾山
1418
4-3
剃刀窟
4-2
白山禅定道
天井壁
足もと注意
4-5
大岩の間を通る
桧の大木が続く
白峰神社
1260
六万山
急坂
標識
指尾山登山口
細谷川
コメノフ清水
上段床
1243
1424
ブナ林が続く
猿壁堰堤
登山口
33
850
吊橋
市ノ瀬ビジターセンター
6-5
830m
市ノ瀬バス停
白山温泉永井旅館
Start
Goal
Goal
市ノ瀬神社
6-4
6-1
今宿口
810m
Start
分岐
6-2
白山展望台
ブナ平
6-3
ブナ林
猪鼻山
1291
白山パノラマ展望台
黒壁三角点
1380
未整備につき進入不可
1178
1017
764
954
1052
1137
1223
1375
997
1296
1328
1290
1202
1326
1680
1783
1693
2080
国道157号、白峰へ

02 高山植物の尾根歩きと巨樹を楽しむ

白山② 別山

はくさん べつさん 2399m

一泊二日

1日目 歩行時間＝3時間15分 歩行距離＝5・1km
2日目 歩行時間＝7時間10分 歩行距離＝13・1km

技術度 体力度

コース定数＝44	
標高差＝1140m	
累積標高差	↗1863m ↘2292m

御前峰《ごぜんがみね》、大汝峰《おおなんじみね》と並ぶ「白山三山」のひとつ、別山は美濃禅定《みのぜんじょう》道《どう》の主要な頂として古くから開かれ、かつては山頂に銅像聖観世音菩薩座像が安置されていた。

ここでは、砂防《さぼう》新道から南竜《みなみりゅう》ヶ馬場《ばんば》を経て市《いち》ノ瀬《せ》に下る、高山植物と稜線の展望を堪能する周回コースを紹介しよう。

第1日　別当出合から南竜山荘へ

別当出合《べっとうであい》から南竜《なんりゅう》山荘のある南竜ヶ馬場までの行程となる。南竜分岐までは**01**白山①（16ページ）を参照のこと。

南竜分岐には周辺の登山道の案内板があるので、行程を確認するとよいだろう。白山室堂への道と分かれ、右へほぼ水平道となる。少し登って尾根を巻きこむと、展望が開け、緩やかな斜面が広がって、別山の眺望がすばらしい。南竜山荘も見えてくる。

エコーライン分岐をすぎ、万才《まんざい》谷《だに》を渡る。まもなく木道となり、**南竜山荘**がある南竜ヶ馬場に到着。今日はここで泊まる。浅い谷を越えて対岸にはテント場があり、シーズン中は色とりどりのテントでにぎわう。ケビンも5棟10室ある。

第2日　別山からブナ林を下る

約6時間程度の行程なので、早目に山荘を出発したい。川を渡るとすぐ右から別山道が続く。雨天時はぬかるむので、上のテント場を経由して別山道へ入るとよい。木道の南竜庭園は、ミヤマクロユリやチングルマ、イワイチョウ、そしてこの付近特有のハクサンオオバコも見ることができる。

木道が終わると赤谷《あかたに》へ下る。この付近は7月中旬まで残雪がある年もあるので注意を要する。谷を渡るとジグザグの油坂《あぶらざか》の登りとなる。高山植物を楽しみながらゆっくり登ると油坂ノ頭《かしら》に着く。ここから振り返る白山の主峰の展望はすばらしい。

尾根筋では、豊富な高山植物は見ごたえがある。東側の岐阜県側は、険しい谷となり慎重に進みたい。尾根には昔の室跡の**天池**《あまいけ》など、3箇所に池塘があり、花のシーズンにはハクサンコザクラやハクサ

別山尾根と目指す別山の眺望

■鉄道・バス
往路＝01白山①（20㌻）を参照。

復路＝市ノ瀬から北陸鉄道のバスで金沢駅へ。季節運行の白山登山バス（運行日、要確認）が便利。

■マイカー
別当出合までは01白山①（20㌻）を参照。ただし、マイカー規制の日は別当出合には車で入れないので、市ノ瀬駐車場に車を停めて、別当出合まではシャトルバスを利用することになる。

■登山適期
5月の残雪の時期から紅葉の11月上旬まで登山可能。5月には別山市ノ瀬道の水場周辺で、ブナの新緑を楽しむ観察会も行われている。

■アドバイス
▽南竜山荘および南竜ヶ馬場ケビンは7月1日～10月15日まで営業。要予約（予約センター☎076・250・2022）。
▽南竜ヶ馬場ビジターセンターでは、シーズン中の夕方、スライド上映会がある。また、早朝および15時と16時には自然観察会を開催。

■問合せ先
市ノ瀬ビジターセンター☎076・259・2504、白山自然保護センター☎076・255・5321、北陸鉄道テレホンサービスセンター☎076・237・5115

■2万5000分ノ1地形図
白山・加賀市ノ瀬

別山山頂から白山御前峰を望む

ンイチゲ、ミヤマキンバイなどが美しく、アップダウンがあるものの、見晴らしのよい尾根歩きだ。**御舎利山《おしゃりやま》分岐**からすぐの石室をすぎると、まもなく**別山**山頂だ。山頂では360度の眺望が得られる。

御舎利山分岐へ戻り、御舎利山のピークを経てチブリ尾根へと下る。ジグザグで急な斜面を下り終えると、**チブリ尾根避難小屋**に到着する。小屋周辺ではニッコウキスゲ、秋口にはオヤマリンドウが咲く。

小屋をあとに尾根筋を離れ、右に下るとブナの原生林に入る。途中に水場もあり、原生林に包まれた静寂な登山道を下っていく。やがて砂防堰堤のある**登山口**に到着する。右は工事用の車道に出るが積雪がなければ、すぐ下の車道に沿った登山道を歩くのもよい。堰堤から30分ほどで**市ノ瀬**に着く。

（三谷幹雄）

CHECK POINT

1

木道の先、南竜山荘が間近。第1日目はここに宿をとることになる

2

ジグザグの急坂を登りきると油坂ノ頭。振り返ると御前峰が大迫力だ

3

天池周辺にはハクサンイチゲやハクサンコザクラが見られる

4

御舎利山分岐先の石室。別山頂上はもうすぐ先だ

5

別山神社の先が山頂。360度の大展望を楽しんでいこう

6

御舎利山分岐の標識。左でなくまっすぐ上に登ってチブリ尾根上の道を行く

＊コース図は22～23ページを参照。

03

ブナの原生林に包まれた静寂な登山道

白山③

白山《はくさん》釈迦岳《はくさんしゃかだけ》 2053m

日帰り

歩行時間＝8時間10分
歩行距離＝16・0km

技術度
体力度

コース定数	＝**36**
標高差	＝1223m
累積標高差	↗1542m ↘1542m

間近に釈迦岳山頂を見る

←釈迦新道登山口

白山釈迦岳は白山の主峰・御《ご》前峰《ぜんがみね》の西に位置し、白山登山道・釈迦新道沿いにある。2000メートルを超える三角点の峰としてはここが白山の最西端となる。ブナ原生林が美しく、白山を間近に見られるので、日帰り登山もさることながら、白山から下山する際の周回コースとしても利用される。

市《いち》ノ瀬《せ》の駐車場から車道に出て約500メートル先に**登山口**の標識がある。ここから平坦な杉の植林地を経て右に登ると工事用で未舗装の車道に出る。正面の登山道は「白山《はくさん》禅定道《ぜんじょうどう》」で標識がある。この車道を左に進む。右の白峰《しらみね》神社の祠前を通り、少し下りとなり湯《ゆ》の谷《たに》川を渡り左折する。そのまままっすぐ車道を登ると水場があり、右にカーブするとすぐ左が**登山口**だ。

ここからは多少急だが、静寂なブナの原生林を体感しながらゆっくりと登りたい。

途中の少し広くなったところに標識が立ち、それを少し下れば**水場**がある。

標高1600メートルを超えたあたりから、ダケカンバが優勢となり、やがて亜高山帯となる。ダケカンバも少なくなり、代わってオオシ

ラビソが目立ちはじめる。まもなく視界が開け、左右がササの登山道を進む。8月上旬なら足もとにはイワショウブの花が見られる。秋には眼下のブナの紅葉が美しい。やがて尾根に出て視界が開ける。まもなく**釈迦岳前峰**《ぜんぽう》に到着する。ここから東方の谷を隔てて御前峰が、その左に大汝峰《おおなんじみね》が連なり、眺望は圧巻だ。

ここから少し下り、登り返すと標識があり、釈迦新道をはずれ右に入る。20㍍ほど先に草地の斜面があり、花の時期にはハクサンフウロ、ハクサンボウフウ、ミヤマリンドウが見られる。この草地の左斜面のササ原道を注意深く見つけて登れば**白山釈迦岳**山頂に達する。三角点があるが、周辺はササとオオシラビソに覆われている。

下山は同じ道を下る。

（三谷幹雄）

■鉄道・バス

往路・復路＝季節運行の白山登山バスを利用して市ノ瀬へ。01白山①（20ページ）を参照。

■マイカー

金沢市街から国道157号、県道33号などで約66㌔。市ノ瀬の無料駐車場を利用する。

■登山適期

5月の残雪期から紅葉の11月上旬まで可能。釈迦新道特有の植物も見られる。

■アドバイス

▽一部治山工事専用の車道を歩くが、往来する工事車両には注意が必要。一般車は通れない。

CHECK POINT

1 湯の谷川を渡り、車道を少し進み、釈迦新道登山口から登山道に入る

2 登山道が少し広くなったところに水場の標識がある。水場は少し下ったところ

3 ササの斜面に出ると視界が開ける。ここからは釈迦岳前峰が近い

4 見晴らしがよい釈迦岳前峰。御前峰や大汝峰の展望がすばらしい

5 「右釈迦岳」の標識にしたがって右に入るとすぐに釈迦岳山頂に立つ

＊コース図は22～23ページを参照。

観光新道から見た白山釈迦岳

▽釈迦新道は白山室堂から市ノ瀬まで14・9キロで、白山釈迦岳はそのほぼ中間点にある。夏山シーズンには室堂からの下山での利用も多い。御前峰から白山釈迦岳までは所要約4時間30分。

▽道脇のお花畑ではさまざまな花が見られるが、オオサクラソウとミズバショウは必見。

▽市ノ瀬には白山温泉永井旅館があり、入浴のみも可能。

■問合せ先

市ノ瀬ビジターセンター☎076・259・2504、石川県白山自然保護センター☎076・255・5321、北陸鉄道テレホンサービスセンター☎076・237・5115

■2万5000分ノ1地形図

加賀市ノ瀬

04

かつての越前禅定道の史跡が残る

指尾山

日帰り

さしおやま
1418m

歩行時間＝4時間50分
歩行距離＝7・5km

技術度

体力度

コース定数＝**17**

標高差＝159m

累積標高差 ↗514m ↘944m

**福井県勝山《かつやま》市の平泉寺《へいせんじ》を起点とする白山《はくさん》信仰登拝道の旧越前禅《えちぜんぜん》定《じょうどう》道の途中にあって、修験者が白山を遥拝した山であり、史跡も残っている。ここでは観光新道の別《べっ》当坂《とうさか》分岐から慶松平《けいまつたいら》、指尾山を経て市《いち》ノ瀬《せ》へ下る白山禅定（旧越前禅定道）コースを紹介しよう。

別当出合《べっとうであい》から観光新道を登り、谷沿いの急な階段を登りきると「白山禅定道・市ノ瀬まで6・1キロ」の標識がある**別当坂分岐**だ。石畳が残る道を少し下って登り返すと、ササが茂り、ブナやダケカンバ、オオシラビソなどが立ち並ぶ**慶松平**で、昔は慶松室があったと伝わる。

木道の敷かれた慶松平から樹林の中を進むと、天井 壁《てんじょうかべ》上部の険しい岩場に出る。別当谷越しに別山《べっさん》の堂々とした姿を眺望できる。この先、岩の多い細い尾根が続き、鉄と木でつくられた急なハシゴ状の階段が数箇所あるので、足もとに注意が必要だ。

やがて白山を開山した泰澄大師が髪を剃った場所と伝わる**剃刀**《かみそり》**窟**《いわや》に着く。岩屋の中には石仏の残骸などが散乱し、信仰の歴史をしのばせる。

イワカガミが群生する林の中を進み、大きく崩壊した斜面を右に見て、石畳の道を少し登れば**指尾山**だ。かつて「伏拝《ふしおがみ》」とよばれた頂上からは、御前峰《ごぜんがみね》や大汝峰《おおなんじみね》を間近に仰ぎ見ることができ、白山釈迦岳《しゃかだけ》が目前に迫る。山頂から少し下った地点に3等三角点がある。

この先は緩やかな尾根道の下りとなるが、大岩の間を通り抜ける場所が何箇所もあり、ねじれた桧の大木が立ち並ぶ。石段も残り、修験道の雰囲気を体感できる。**六**《ろく》**万山**《まんざん》山頂を通過して平坦な道を少し進んだのち、尾根から離れてブナ林の中の急坂を下り、砂防工事用道路を横断して再び登山道に入る。県道33号に出て、**市ノ瀬**まで歩く。

（山口光男）

■鉄道・バス
往路・復路＝7月中旬〜8月中旬までの毎日と7月上旬と8月下旬〜10月上旬までの土・日曜、祝日にJR北陸本線金沢駅から北陸鉄道の白山登山バスが出ている（20ジ参照）。

■マイカー
北陸自動車道白山ICから国道157号で白峰へ。白峰から県道33号で市ノ瀬まで行き、ビジターセンター横の駐車場に駐車する。

■登山適期
花が多い初夏、紅葉の秋がよい。バス利用の場合、別当出合までバスが入る夏山と秋の土・日曜、祝日に限られ、それ以外は市ノ瀬から指尾山往復となる。

剃刀窟〜指尾山間に群生するイワカガミ

CHECK POINT

1 慶松平から御前峰方面を望む

2 険しい天井壁上部の岩場

3 泰澄大師が剃髪した場所と伝わる剃刀窟

4 かつて「伏拝」とよばれた指尾山山頂

5 登山道沿いの桧の大木

別当谷越しに望む別山の雄姿

観光新道から見た指尾山。左手前は慶松平

■アドバイス

▽コース紹介した白山禅定道は旧越前禅定道の一部で、中世の最盛期には6000坊あったと伝わる平泉寺白山神社を起点とし、法恩寺山～小原峠～三谷～市ノ瀬～指尾山～慶松平～蛇塚の経路で室堂に通じていた。

▽天井壁上部の岩場あたりからは、石川・福井県境の山並みの眺めもよい。

▽周辺の温泉と施設は06猪鼻山の項を参照のこと。

■問合せ先

白山市白峰市民サービスセンター☎076・259・2011、北陸鉄道テレホンサービスセンター☎076・237・5115

■2万5000分ノ1地形図

加賀市ノ瀬

＊コース図は22～23ページを参照。

05 長倉山

山岳信仰の遺跡が見られる加賀禅定道中間の山

ながくらやま
1661m

日帰り

歩行時間＝7時間20分
歩行距離＝17・4km

技術度
体力度

コース定数＝**37**
標高差＝1111m
累積標高差 ↗1791m ↘1791m

白山《はくさん》の北部に位置し、復活した加賀禅定道《かがぜんじょうどう》沿いにある。御仏供《おぶく》水《すい》、檜新宮《ひのしんぐう》、しかり場など山岳信仰ゆかりの地名が残り、巨大な桧、ブナ、ダケカンバなどが見られ、修験者などが往来した情景が目に浮かぶ。山頂の少し手前から白山北部の笈ヶ岳《おいずるたけ》、大笠山《おおがさやま》などの山々、そして遠く剱岳《つるぎだけ》や立山《たてやま》まで展望できる。

白山一里野《いちりの》温泉スキー場から林道（5・5キロ）をたどると、展望のきく**ゴンドラ山頂駅**だ。「加賀新道」の案内板があり、手入れの行き届いた平坦な登山道が続く、林道を横切り、わずかな登りで**檜倉《ひのきくら》**、大岩と巨大な桧がそびえ立つ。木《き》の実谷頭《みだにのかしら》からはブナの大木が茂る林の中に続く急な登山道を登り、平坦になるとハライ谷からの檜新宮参道と合流する**しかり場分岐**に着く。

しかり場分岐から先はやせ尾根で岩場もあるアップダウンが続く。山頂手前で振り向けば、白山北部の山々や北アルプス、反対方向には遠く日本海まで展望できる。**長倉山**山頂は南北に長い尾根の一角にあり、うっかりすると見すごしてしまいそうだ。登山道から右に3メートルほど入ったササやぶの中に3等三角点がある。

下山は**しかり場分岐**まで戻り、檜新宮参道を下る。しばらくで白山方面の展望がきき、白山の遙拝所となる。すぐに**檜新宮**で、周囲は大きな桧やダケカンバがとりまき、木造のりっぱな祠が建つ。「にちょうとぎ」まで下り左手に少し下ると**御仏供水**がある。岩の間から流れ出る水は、金沢の大乗寺《だいじょうじ》まで通じているといわれる。

登山道に戻ると、ブナ林の中の急な下りが続く。杉の植林もある平坦で緩やかな尾根をジグザグに下る。送電線の鉄塔からさらにジグザグの下りが続き、木の間に舗装道路が見えてくると**ハライ谷登山口**に下り立つ。車道を**白山一里野スキー場**まで戻る。（元藤映了）

←長倉山山頂手前から大笠山、笈ヶ岳を遠望する

←行く手に長倉山を望む

■鉄道・バス
往路・復路＝利用できるバス便はないので、マイカー利用となる。

■マイカー
北陸自動車道白山ICから国道157号経由で白山一里野温泉へ。白山一里野スキー場付近かハライ谷登山口に駐車（10台ほど）。

■登山適期
雪のない5月下旬から11月上旬までがシーズン。花の豊富な5、6月、秋の紅葉が特によい。

■アドバイス
▽マイカーでゴンドラ山頂駅またはその先の林道（5台駐車可）まで入ると、日帰りで奥長倉まで足をのばすことも可能。
▽スキー場のゴンドラリフトは、紅

CHECK POINT

1 白山一里野温泉スキー場を登っていく

2 木の実谷頭からはブナ林の中を登る

3 急坂が終わると下山路が分かれるしかり場分岐に着く

4 桧やダケカンバの巨木に囲まれた檜新宮

5 ジグザグの急坂を下りきるとハライ谷登山口で車道に出る

葉期の休日のみ運行。要事前確認。
▽ハライ谷登山口とゴンドラ山麓駅に登山届のポストが設置されており、白山山頂まで登る場合は、登山届の提出が義務化されている。
▽加賀新道の温泉口からゴンドラ山頂駅にいたるコースは、上部で荒れており、通行不可。
▽加賀禅定道から白山山頂までは約10キロ、登りが13時間、下りが9時間はかかる健脚者向けのコース。
▽近くに山毛欅尾山の斜面を行き来するカモシカやサルなどを観察できるブナオ山観察舎がある。開館は11〜5月上旬。入館無料（☎076・256・7250）。

■問合せ先
白山市尾口市民サービスセンター☎076・256・7011、一里野温泉スキー場管理事務所☎076・256・7412

■2万5000分ノ1地形図
市原・白峰

↑白山パノラマ展望台からの白山の眺望

06 ブナ林を楽しめるハイキングコース

猪鼻山

いのはなやま
1291m（白山パノラマ展望台）

日帰り

歩行時間=3時間
歩行距離=3・5km

技術度

体力度

コース定数	=12
標高差	=481m
累積標高差	↗ 506m ↘ 486m

←県道33号の市ノ瀬発電所付近から猪鼻山を見上げる

■鉄道・バス
往路・復路=7月中旬～8月中旬までの毎日と7月上旬と8月下旬～10月上旬までの土・日曜、祝日にJR北陸新幹線金沢駅から北陸鉄道の白山登山バスが出ている（20ページ参照）。

■マイカー
北陸自動車道白山ICから国道157号で白峰へ。白峰から県道33号で市ノ瀬まで行き、ビジターセンター横の駐車場に駐車する。

■登山適期
白山に雪が残り、ブナの新緑が美しい6月ころまでと紅葉の秋がよい。バス利用の場合、白山登山バスが出る夏山と秋の土・日曜、祝日に限られる。マイカーの場合は、県道33号が通行可能な4月下旬から11月上旬。

■アドバイス
▽猪鼻山の山頂奥に幹回り15メートルの日本一の「子持ちカツラ」があるが、やぶこぎとなるので、登山経験豊富な熟達者との同行が必要。

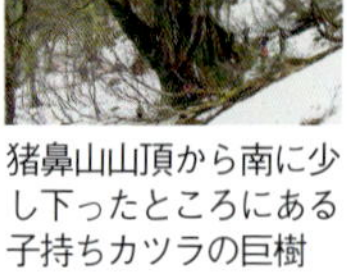

猪鼻山山頂から南に少し下ったところにある子持ちカツラの巨樹

▽登山口にある市ノ瀬ビジターセンターには白山関係の資料が多数展示されている。

白山《はくさん》の登山基地である市ノ瀬《いちのせ》の背後にある山で、ブナ林の森林浴と白山の展望を手軽に楽しみたい人のために「岩屋俣谷《いわやまただに》園地遊歩道」が設けられている。今宿口《いまじゅくぐち》から白山パノラマ展望台まで登り、ブナ平から市ノ瀬口に下る回遊コースを紹介しよう。

市ノ瀬ビジターセンターから白峰方面へ車道を500㍍ほど引き返した**今宿口**からミズナラ林の中を尾根伝いに登る。やがて市ノ瀬口からの道と合流し、**白山展望台**に出る。休憩舎が設けられており、ゆっくり白山の展望を楽しむことができる。

展望台から階段があるブナ林の急坂を登り、大長山《おおちょうざん》や白山釈迦岳《しゃかだけ》の眺望地点をすぎると、ブナの美林に囲まれた**ブナ平**に出る。以前はここが園地の最高地点だったが、近年山頂に向かう尾根の途中に展望台が開かれ、そこまで道が整備された。ブナ林の中を進み、2本の木が寄り添っているような夫婦ブナの脇を通りすぎると、白山方面が刈り払われベンチが設置された**白山パノラマ展望台**に着く。御前峰《ごぜんがみね》をはじめとした白山山頂部のパノラマが目の前に広がる。

ここから三角点のある山頂までは道が未整備なので、**ブナ平**まで引き返し、市ノ瀬口に向けて右手の道に入る。緩やかで快適な道はしだいに傾斜を増し、別山《べっさん》方面の眺望地点をすぎると、やがてブナ林は杉林に変わる。杉林の中のトラバース道を進み、谷にかかる橋を渡ると、白山展望台との**分岐**に出る。右に折れて、谷沿いに下ると、春にはミズバショウが咲く湿地や昔の炭焼窯跡がある。小さな市ノ瀬神社の前を通り、階段を下れば永井旅館横に下り立つ。すぐそばが**市ノ瀬バス停**だ。

（山口光男）

▽登山口に白山温泉永井旅館があり、入浴のみでも利用できる。

■問合せ先
白山市白峰市民サービスセンター☎076・259・2011、北陸鉄道テレホンサービスセンター☎076・237・5115

■2万5000分ノ1地形図
加賀市ノ瀬

CHECK POINT

1

市ノ瀬から500㍍ほど引き返したところが今宿登山口

▼

2

白山展望台。市ノ瀬口からの登山道と合流する。休憩舎で休んでいこう

▼

3

2本の登山道が合流するブナ平。下山道がここで分岐する

▼

4

炭焼窯跡をすぎて市ノ瀬神社まで下れば下山口はもうすぐだ

▼

5

白山温泉永井旅館横の市ノ瀬登山口。永井旅館は入浴のみでも利用できる

＊コース図は22～23㌻を参照。

07

谷から峠へ、歴史を感じて登る国境の山

赤兎山・大長山

あかうさぎやま　1629m
おおちょうざん　1671m

日帰り

歩行時間＝6時間30分
歩行距離＝11・4km

技術度
体力度

コース定数＝28
標高差＝591m
累積標高差 ↗1177m ↘1177m

石川県と福井県の県境にあたる谷《たに》峠から南東にのびる緩やかな稜線上に、大長山と赤兎山がある。

県境はさらに東方向にのび、杉《すぎ》峠、六本桧《ろっぽんひのき》を越えて三《さん》ノ峰《みね》へとせり上がっている。大長山と赤兎山の鞍部の小原《おはら》峠は、平泉寺《へいせんじ》を起点とした越前禅定道《えちぜんぜんじょうどう》の第六宿にあたり、峠から西俣谷《にしまたたに》川を下り、三《み》ツ谷《たに》から市《いち》ノ瀬《せ》へと続いていた。

県道33号から三ツ谷川沿いの作業道に入り、5キロほど行った終点に**登山口**の広場がある。登山道に入るには、まず沢を徒渉しなければならない。対岸に「越前禅定道」の標柱が立ち、ブナの原生林の中に、ぬかるんだ沢沿いの道が続いている。

しばらく行くと、お堂が建つ開けた場所がある。ここが**川上《かわかみ》御前《ごぜん》社《しゃ》の跡地**といわれ、ブナの大木と沢音があいまって深山の霊気が漂う。再び沢を徒渉し、尾根の先端を巻いていったん尾根上を行くが、やがて緩やかな下り坂から西俣谷川の源頭部に下りる。小沢の徒渉

■鉄道・バス

往路・復路　夏山登山シーズン中は金沢からの登山バスが利用できる。期間外はもっぱらマイカーでの入山が多い（20ページ参照）。

■マイカー

北陸自動車道白山ICから国道157号で白峰へ。白峰から県道33号で市ノ瀬まで行き、ビジターセンター横の駐車場に駐車する。三ツ谷川沿いの作業道に入る場合は、悪路のため、車高の高い車で行きたい。簡易ゲートが2箇所あり、いずれもロープが張ってある。終点広場には作業車も入るので入口付近には停めないこと。

■登山適期

6月中旬をすぎると高山植物が咲きはじめ、とりわけ赤兎平のニッコウキスゲはみごと。10月中旬からの西俣谷川沿いの紅葉もすばらしい。

西俣谷川沿いのブナ林

■アドバイス

▽登山中の豪雨で増水した沢の徒渉は非常に危険。天気のチェックは入念にしたい。

▽杉峠経由の周回ルートはやぶに埋もれがちなので、初心者だけでは入

赤兎山からの白山

刈安山から赤兎山を望む

赤兎山山頂からの大長山

を繰り返して急坂を登りきれば**小原峠**に出る。一隅に祠が建っている。昔の人はここで白山を遥拝し、市ノ瀬へと向かった。

峠の広場から左の道に入り、赤兎山に向かう。しばらくは緩やかな道だが、やがてロープが張られた急坂となる。段差もあり、むき出しの土と岩の道は体力を消耗する。ここを登りきれば**大舟山分岐**《おおふなやま》だ。見晴らしもよくなり、ハイイヌツゲ、ナナカマドなどの低木帯を抜けて広い**赤兎山**山頂に着く。白山《はくさん》の全容、そして南に荒島岳《あらしまだけ》と能郷白山《のうごうはくさん》、間近に迫る経《きょう》ヶ岳《たけ》がパノラマとなって広がっている。ここから**赤兎山避難小屋**まで20分、ゆっくりと高層湿原の散策を楽しみたい。

加越国境の最高峰・大長山は、白山方面からもゆったりとした山容がよく目立つ。**小原峠**まで往路を戻って直進する。見通しの悪いブナ林から、やがて刈安山《かりやすやま》への急坂となる。赤兎山が大きな兎のように、ゆったりと横たわっている。

登り着いた**刈安山**山頂から急坂を下りきると、高低差の少ないアップダウンの道がしばらく続く。正面に大長山の山頂部が見えてくるといよいよやせ尾根の急登となる。最後のロープが張られたガレ場は慎重に。ここを登りきればまもなく**大長山**山頂に着く。加賀、越前を同時に俯瞰する大展望が待っている。

（村上秀明）

らないこと。▽川上御前の御神体は平泉寺に移され、現在お堂の中には廃仏毀釈で放置されたままになっていた2体の地蔵が安置されている。▽かつての三ツ谷集落には宿場があり、越前、美濃への重要な交通の要所であった。▽両山を同じ日に、日帰りで登るのはかなり厳しい。いずれかにしぼり、日をあらためて別々に登る方がよいだろう。また福井県側からのルートも開かれており、それぞれに特徴があるので、幅広く楽しみたい。

■問合せ先
白山市白峰市民サービスセンター☎076・259・2011、北陸鉄道テレホンサービスセンター☎076・237・5115

■2万5000分ノ1地形図
加賀市ノ瀬・願教寺山

赤兎山避難小屋。右手の山は別山

CHECK POINT

作業道終点、沢を徒渉して登山道へ。しばらくは沢沿いの道だ

川上御前社跡地に建つ小祠。この先で再度沢を渡る

西俣谷川源頭を登って小原峠で稜線に立つ。背後に白山が見える

ロープもつけられた急坂を登りきると大舟山分岐に着く

白山や荒島岳、能郷白山など、大展望が楽しみな赤兎山山頂

小原峠に引き返し、登り返した山頂が苅安山

大長山山頂直下のザラザラのガレ場。慎重に登っていこう

大長山の山頂。加賀、越前の山並みを眺めることができる

白峰、国道157号へ
作業道入口
764
ロープが張ってあるゲート
0.15
0.20
根倉谷
1324
1166
1140
西高山
1189
コツ谷川
ロープが張ってあるゲート
作業道分岐
798
800
1.15
1.05
1523
1164
悪路
西俣谷川
900
中の俣谷川
白山、福井の山の展望
取立山、谷峠へ
大長山
1671
急坂
1000
1067
1113
1100
石川県
白山市
1082
1044
1200
1.00
0.50
1530
1211
徒渉点
Start Goal
1080m
登山口
0.15
0.10
川上御前社跡地
作業道終点
1376
勝山市
1300
徒渉点
刈安山
1505
急坂
0.50
0.35
1256
急坂
ブナ林
0.30
0.25
祠
西俣谷川源頭部。小沢の徒渉あり
1400
小原峠
小原地区、国道157号、勝山へ
1296
ブナ林
0.30
0.20
急坂
1500
道悪い
1323
大舟山分岐
赤兎山避難小屋
赤兎平
大舟山、北岳、経ヶ岳へ
0.15
0.10
赤兎山
1629
0.20
1530
裏赤兎山
白山の展望
ニッコウキスゲ、イワイチョウ
鳩ヶ湯へ

08 おまえ山

白山の眺望とシャクナゲの尾根を歩く

おまえやま
720m

日帰り

歩行時間＝1時間35分
歩行距離＝1・7km

技術度 ★☆☆☆☆
体力度 ★☆☆☆☆

コース定数＝6	
標高差＝220m	
累積標高差	↗268m ↘248m

展望台から白山を一望。左から四塚山、七倉山、、大汝峰、御前峰

おまえ山直下の展望台から白峰市街地を俯瞰する。中央奥は鷲走ヶ岳

白峰《しらみね》集落の山手には急な斜面に防雪林としての役割のブナ林が広がっている。おまえ山はそのブナ林を散策するコースとなっている。

白峰温泉総湯前広場を通り、林《りん》西寺《さいじ》の右裏手からコースがはじまる。入口に散策路の標識があるので目印にするとよい。はじめはブナ林のジグザグ道を登るが、やがて石段が続く。登りきれば鳥居と**忠魂碑**のある杉林に出る。ベンチがあるので休憩していくとよい。左に「おまえ山遊歩道」の案内板があり、右手にはアンテナの鉄塔も建っている。

この先は舗装された車道となる。少し下った先の左からよく整備された「ブナ

■**鉄道・バス**
往路・復路＝JR北陸新幹線金沢駅から北陸鉄道バスを利用。白峰バス停が起・終点となる。

■**マイカー**
北陸自動車道白山ICから国道157号で白峰へ。白峰温泉総湯前広場の駐車場が利用できる。

■**登山適期**
4月から11月にかけて登山可能。特に4月下旬から5月上旬にはホンシャクナゲが見ごろとなり、雪に覆われた白山の眺望が楽しめる。

■**アドバイス**
▽林西寺には、明治の神仏分離令により白山より下山した仏像が多数安置された堂がある。拝観有料、火曜休み。
▽日帰り温泉として白峰温泉総湯がある。火曜休み。近くに特産のとちもちや堅豆腐を販売する、食事処の菜さいもある。
▽下山した先にある緑の村には、宿泊施設の御前荘や入浴施設の白山天望の湯がある。ほかに白山国立公園センターや白山砂防科学館があり、白山の資料が閲覧できる、映像も整っている。

■**問合せ先**
白山市白峰市民サービスセンター☎076・259・2011、白峰観光協会☎076・259・2721、北陸鉄道テレホンサービスセンター

県道33号からおまえ山を見る

林散策コース」へ入る。急な登りとなり、ヒメコマツや桧の樹林の尾根を歩く。送電線鉄塔に出ると見晴らしがよくなる。白山の眺望がすばらしい。

この先、平坦な道と急登を繰り返すと、大頽山《おおなだれやま》からの尾根と合流する。ここにも「ブナ林散策コース」の標識がある。おまえ山コースの**最高点**にあたる。

ここからの下りは岩が露出したところが多く、足もとには充分に注意したい。ホンシャクナゲが密生する尾根を下ると、また鉄塔に出る。白山の眺望や、白峰の集落が一望できる絶好の**展望台**だ。

さらに急な下りとなり、ところどころ鎖やロープが取り付けられているが、慎重に下っていこう。

急坂を終えると左へ曲がり、杉林へ入って車道に出る。ここは緑の村からの**登山口**ともなっている。これを左に進むとすぐに車道に出る。

右は緑の村を経て県道33号へ。車道を左に進むと、スノーシェードをくぐって白峰集落へ入る。白峰車庫バス停をすぎると雪だるまカフェの建物がある。さらに進むと重層な山岸家の建物がある。出発点の白峰バス停や**白峰温泉総湯前広場**はすぐそばだ。（三谷幹雄）

☎076・237・5115
2万5000分ノ1地形図
加賀市ノ瀬

CHECK POINT

浄土真宗の古刹・林西寺。境内からは迫力のある白山が眺められる

杉林に囲まれた忠魂碑。ベンチがあるので少し休んでいこう

舗装された車道を少し行って、ブナ林散策コースの階段道に入る

緑の村側の登山口。車道に出たら、県道を白峰の登山口に戻る

09

鳴谷山

花の回廊を通り抜け、白山の大展望台へ

なるたにやま
1597m

日帰り

歩行時間＝5時間
歩行距離＝8・9km

技術度

体力度

コース定数＝**19**	
標高差＝621m	
累積標高差	↗725m ↘725m

↑鳴谷山山頂からの白山主峰群展望

←砂御前山から望む鳴谷山、右肩奥は白山

白山《はくさん》主峰群を間近に展望できるだけでなく、登山道沿いにホンシャクナゲ、ミズバショウの群落が続き、天然杉が立ち並ぶ魅力あふれる山である。

白山市桑島《くわしま》の手取《てどり》川にかかる桑島大橋を渡り、林道百合谷《びゃこだん》線に入る。鳴谷山登山口の標識と「クマ出没注意」の看板がある分岐で右折して**林道終点**まで進む。

駐車場奥の登山口から沢沿いにミズナラなどの林の中の平坦な道を進み、杉林に入るとしだいに傾斜が増してくる。樹間から鳴谷山の山頂部を望む尾根に出ると、登山道沿いに天然杉の根もとにみごとなホンシャクナゲの群落が続く。

やがて砂御前《すなごぜん》山頂下の**鎧壁**《よろいかべ》に出る。初夏にはニッコウキスゲ、カライトソウ、オオバギボウシなどが咲く岩場を横切る。残雪期は慎重に歩く必要がある。鎧壁の先には湿地帯が続き、5月中・下旬にはミズバショウやリュウキンカなどが群生する。

砂御前山との分岐で左に折れ、ブナとサンカンスギ（「天然杉」）の

■鉄道・バス
往路・復路＝JR金沢駅から北陸鉄道のバス便があるが、便数が少なく、登山の利用は一般的ではない。マイカーがおすすめ。

■マイカー
北陸自動車道白山ICから国道157号を走り、手取湖最上部の桑島大橋で左折、百合谷林道を走り、大嵐山への百合谷駐車場へ向かう道の途中で右に分岐、林道終点へ向かう。

■登山適期

CHECK POINT

林道終点の駐車場。15台ほど駐車可能

砂岩や礫岩など、古生代の地層が隆起した巨大な岩壁の鎧壁

ミズバショウとリュウキンカの群生。5月中旬〜下旬がベスト

異様な姿のサンカンスギの巨木もこの山の見もののひとつ

ことを指す方言）が立ち並ぶ尾根沿いに進む。風雪に耐えた杉の巨木は個性的で、まるで芸術作品のようだ。ダケカンバが目立つ山腹を横切る道に入り、ミズバショウの咲く沢をすぎ、山頂部を巻くように登りきると目の前に突然草原が広がる。中生代には古手取湖の湖底だったことを物語る丸い石ころを踏みながら進めば、まもなく白山主峰群や白山に連なる山々の大パノラマが広がる**鳴谷山**山頂に着く。オオシラビソなどのやぶの中に3等三角点がある。

下山は往路を戻る。（山口光男）

ホンシャクナゲとミズバショウが咲く5月中旬から下旬が最適。残雪が多い年は5月中旬ころまで林道が通行止めのこともある。ニッコウキスゲ、カライトソウの咲く初夏、ブナが紅葉する秋もよい。

みごとなホンシャクナゲ群落

■アドバイス

▽鎧壁は砂御前山北面の高さ50メートルほどの壁で、白山が古手取湖の底だった中生代の砂岩層とされ、花も多い。残雪があるときは歩行に注意が必要。▽砂御前山の山頂近くからはブナなどに覆われた鳴谷山と白山を望むことができ、分岐から往復40分程度なので、体力に余裕があれば下山時に足をのばしてもよい。砂御前山から青柳山を経て白峰に下る道は荒れている。

▽登山口までの林道百合谷線は荒れていることが多く、通行には注意が必要。

■問合せ先

白山市白峰市民サービスセンター☎076・259・2011

■2万5000分ノ1地形図

白峰

10 静寂なブナ林とミズバショウ群落

大嵐山

おおあらしやま
1204m

日帰り

歩行時間＝2時間20分
歩行距離＝3・9km

技術度

体力度

コース定数＝11

標高差＝320m

累積標高差 521m 521m

4月下旬〜5月上旬の開花時期には必見のミズバショウ群生地

大嵐山は早春から初夏にかけて人気が高い。手取《てどり》川の桑島《くわしま》大橋を渡り、ホテルの左側から回り、さらに左折して百合谷《びゃこだん》の橋を渡る。

この先には国の天然記念物である桑島の化石壁がある。すぐに右折すると百合谷駐車場までの林道が続く。ミズバショウの標識を確認しながら進むと**百合谷駐車場**に到着する。広い駐車場で、案内板や水場、トイレもある。

標識の右から広い登山道に入り、登っていくと**白虎《びゃっこ》谷《だん》峠**に到着する。峠を下るとミズバショウ群生地だ。右は大嵐山山頂へ、左は展望コースとなる。

まず**ミズバショウ群生地**を訪れよう。杉林を下ると開けた谷あいの湿地となり、季節にはミズバショウが見られる。群生地を一周する散策路を周回していこう。

白虎谷峠に戻ったら、南に続く尾根から大嵐山山頂を目指す。春から初夏にかけては登山道の左右にトクワカソウ（イワウチワの一種）の花が多い。少し登ると白虎谷ブナ林に到着。「左、大嵐山」の標識がある。新緑のブナ林は太陽に輝き美しい。

ブナ林をすぎると急な登りとなる。雪解けのころはぬかるんで足もとが悪くなるので注意を要する。

登りきると**大嵐山**山頂だ。数株のみごとなサンカンスギ（天然杉）の大木があり、東斜面からは白山《はくさん》の峰々を仰ぎ見ることができる。

山頂からは往路を**白虎谷峠**に戻る。左右の道を分け、まっすぐ、

■鉄道・バス
往路・復路＝JR金沢駅から北陸鉄道のバス便があるが、便数が少なく、登山の利用は一般的ではない。

■マイカー
北陸自動車道白山ICから国道157号を走り、手取湖最上部の桑島大橋で左折、橋を渡って百合谷駐車場へ。早春には積雪の状況により駐車場までの林道が通れないこともあり、問い合せが必要。百合谷駐車場は無料、トイレや水場もある。

■登山適期
ミズバショウの見ごろは4月下旬から5月上旬。新緑のブナ林もおすすめだ。10月下旬の紅葉も見どころ。

■アドバイス
▽百合谷林道口の北方向に、手取川ダムで水没予定だった古民家を一部移転し、民俗資料館などを備えた桑島の里がある。また、手取川総合開発記念館では、当時、ロックフィルムダムとしては東洋一とされた手取川ダムの開発の歴史を見ることができる。
▽日本の地質学の発祥の地とされる国の指定天然記念物である桑島の化石壁があるが崩落の危険もあり、眺めるだけとなっている。
▽手取湖対岸に白山恐竜パーク白峰がある。入館有料、月曜休み（11月下旬から4月下旬は休館）。

■問合せ先
白山市白峰市民サービスセンター☎

山頂から白山を眺望する

大嵐山全景

展望コースをめぐる。少し登ると平坦なブナ林に出る。**展望コースの最高点**で、奇妙な幹のブナが印象的だ。ここからは下り道となり、ところどころ手取湖が眺められる。左にはミズナラやヒメコマツの間から大嵐山の山頂を見ることができ、気持ちのよい登山道だ。やがて出発点の**百合谷駐車場**に戻り着く。

（三谷幹雄）

076・259・2011、白峰観光協会☎076・259・2721
■2万5000分ノ1地形図
白峰

CHECK POINT

1 登山口の百合谷駐車場。広い駐車場でトイレや案内板がある

2 登山口から尾根に着いたところが白虎谷峠。反対側がミズバショウ群生地

3 峠から緩傾斜帯の白虎谷ブナ林を登っていく

4 サンカンスギのみごとな大木が大嵐山山頂の格好の目印となっている

11

修験道の史跡が残る白山眺望の山

笈山・オンソリ山

おいずるやま　890m
おんそりやま　889m

日帰り

歩行時間＝4時間30分
歩行距離＝6.8km

技術度
体力度

コース定数＝18
標高差＝556m
累積標高差　756m　756m

斜面一面をピンク色に染めるカタクリ大群落

白山《はくさん》方面の眺望がよく、カタクリやホンシャクナゲなどが群生する楽しみの多い山だ。修験者が白山遥拝のために開いたとされる史跡もあり、近年、地元住民の力で山頂や史跡までの登山道が整備されたので、快適に登ることができる。

白山市瀬波《せなみ》集落から2キロほど上流にある瀬波川キャンプ場手前のエイ谷脇に**登山口**がある。4月上旬から中旬ころ、谷沿いに50メートルほど進み、左に折れた先に、斜面がピンク色に染まるほどのカタクリの大群落が広がる。回遊路が設けられているので、一度はこの時期に訪れるといいだろう。

斜面を少し登ると尾根道となる。階段が整備されていて歩きやすく、ロープが張られた馬の背の岩場をすぎると、登るにつれて白山の眺望が開けていく。春先にはトクワカソウが群生する尾根をウマヤノツボとの**分岐**まで登り、左に折れればすぐに**オンソリ山**山頂だ。3等三角点の周辺は灌木に覆われ眺望はきかないが、少し進めば笈山や笠山《かさやま》を前景に、日本海まで見わたすことができる。

ここからホンシャクナゲが群生するやせ尾根上の道を数百メートル進み、最後に短い急斜面を登りきれば**笈山**山頂に出る。さえぎるもののない山頂からは360度の展望が広がり、特に白山の眺望が秀逸だ。

山頂から**分岐**まで引き返して直進し、階段が整備された緩やかなアップダウンの道を進んでオンソリ谷源流部の鞍部まで下ると、すぐ右手に**ウマヤノツボ**の史跡がある。小さな小屋の石垣や祭壇などの跡が残る斜面を削りとった平地からは、古《いにしえ》の修験者が伏し拝んで

■**鉄道・バス**
往路・復路＝最寄りバス停は登山口の約2キロ手前の白山里温泉バス停だが、便数が少なく、登山での利用は難しい。マイカー利用が一般的。

■**マイカー**
北陸自動車道白山ICから国道157号を南下し、吉野谷公民館前をすぎてすぐの瀬波の案内看板で左折する。

■**登山適期**
カタクリ、トクワカソウ、ホンシャクナゲが咲く4月上旬から5月上旬が最適。木々が紅葉し、白山が冠雪する11月もよい。

尾根に群生するホンシャクナゲ

■**アドバイス**
▽登山口から200メートルほど進むと10数台駐車可能な場所があるが、カタクリ最盛期の週末は大混雑となる。瀬波川キャンプ場（4月中旬から11月末まで営業）の駐車場（有料）も利用できる。
▽地域創成に取り組む企業の白山瀬波が運営する瀬波川キャンプ場では、川遊びや登山などさまざまな自然体験イベントを開催している。

いた白山を仰ぎ見ることができる。下山は来た道を引き返す。（山口光男）

笈山山頂からの白山の眺望

ハチブセ山に向かう北側尾根から見た笈山

CHECK POINT

エイ谷出合にあるオンソリ山登山口

▼

急な尾根上に階段が整備された登山道

▼

オンソリ山山頂は灌木に囲まれて展望は少ない

▼

白山遥拝の修験遺跡とされるウマヤノツボ史跡

▽近くに日帰り入浴可能な温泉・宿泊研修施設の白山里がある。

民家風宿泊・研修施設の白山里

▽白山里近くの炭焼小屋手前の道を下り、吊橋を渡った地点から尾根伝いに笈山に登る登山道も開設されている。急登やアップダウンが多く、距離もやや長いため健脚向き。

■**問合せ先**
白山市吉野谷市民サービスセンター☎076・255・5011、瀬波川キャンプ場☎076・255・5288、白山里☎076・255・5998

■**2万5000分ノ1地形図**
市原

12

医王山《いおうぜん》① 奥医王山《おくいおうぜん》 939m

メインルートからはずれた静かな2コース

日帰り

Ⓐ小原道 歩行時間＝3時間50分 歩行距離＝8・4km 技術度 体力度

Ⓑ栃尾道 歩行時間＝3時間40分 歩行距離＝6・3km 技術度 体力度

コース定数＝Ⓐ18 Ⓑ16

標高差＝Ⓐ634m Ⓑ554m

累積標高差 Ⓐ ↗771m ↘771m Ⓑ ↗731m ↘731m

白山《はくさん》山系の北端に位置する医王山は、1000メートルにも満たない山だが、いくつものピークを連ね、変化に富んだ地形が特徴で、近隣の登山者の絶好のフィールドとなっている。最高峰の奥医王山への登路は4コースあるが、ここでは小原《おはら》道と栃尾《とちお》道を紹介しよう。

Ⓐ小原道

バス停のある芝原《しばはら》から県道を5キロほど行き、右手の細い車道を入るとすぐに**医王山の案内板**がある。菱池谷《ひしいけたに》橋を渡り、道なりに進むと、ほどなく**小原道コース登山口**だ。標識があるので確認しよう。

歩きはじめから登山道にかけて深い溝の道が続き、杉林のため見晴らしもない。尾根まで登れば広葉樹の明るい林となるが、溝状の道が浅くなったり深くなったりして、725メートルピークまで延々と続く。

その**725メートルピーク**を越え、少し下ると白兀山《しらはげやま》方向の展望がいっきに開ける。ベンチもあるのでひと休みしていこう。ここから少し先、蟻《あり》ヶ腰《こし》の鞍部からいよいよ核心部の登りになる。急坂が続くが、ブナ帯まで登りきれば快適な尾根道となる。栃尾道との合流点をすぎると、すぐに**奥医王山**山頂に着く。散居村が広がる砺波《となみ》平野の向こうに北アルプスの大展望が待っている。

Ⓑ栃尾道

難路に指定されているコースなので、初心者はしっかりしたリーダーの同行のもとで出かけてほしい。県道10号沿いの「栃尾登山口」の標識から3キロほどの栃尾集落跡地をすぎ、しばらく行くと**栃尾道コース登**

■鉄道・バス

往路・復路＝JR金沢駅から金沢北鉄バス湯桶温泉行きに乗り、芝原バス停下車。所要約50分。登山口までの経路、所要時間は地図を参照。

■マイカー

北陸自動車金沢森本ICから国道159号、県道22号、209号などで20キロ前後。小原道は案内板がある橋の手前に駐車するとよい。登山口までは道が狭く駐車も難しい。栃尾集落跡地には旧村民の山小屋風の家が建ち、駐車場も整っている。

■登山適期

小原道は5月上旬。栃尾道は谷筋の雪渓が消えて、沢沿いに花がいっせいに咲く5月中旬以後がよい。両コースともブナ林の紅葉が美しい。

■アドバイス

▽栃尾コースのワ谷源流は、巻道あり、小滝あり、岩場ありと道はあってないようなもの。初心者はルートをよく知った経験者の同行が必須。ヘルメットも必要。

▽県境を行く横谷道は登山者は少なく、一部ササに覆われている箇所や道が入り組んだ地点があるので、しっかり道を確認して進みたい。

▽温泉は浅ノ川温泉・湯楽がある。

■問合せ先

金沢市役所環境政策課☎076・220・2111、北鉄バステレホンサービスセンター☎076・237

山頂から砺波平野と北アルプスを望む

吉次山から奥医王山を望む

山口がある。

杉林を左に見て登っていくと、道は急斜面を横切るように続いている。みごとなホオノキの巨木の脇を通り、ぬかるんだ道を登りきると尾根に出る。このあたりは溝状の道となるが、途中には犀川《さいかわ》源流の山々の展望ポイントがある。

やがて谷筋の道が続き、盆地状

・5115

■2万5000分ノ1地形図
福光・湯涌

のオージャラに出る。背丈を超えるササ原の水平道からしだいに高度を上げていくと**展望台**がある。ここから少し行くと分岐があり、直進すれば沢コース、左に行けば尾根コースとなる。尾根には昔の炭焼道があったが、地元の山岳会が藪を切り開き復活させた。快適なブナ林が続き、危険箇所もなく、沢コースしかなかった栃尾道コースに新しい息吹を吹き込んだ。沢コースは危険箇所があり、沢登りといってもいい難路となる。両コースとも小原コースと合流し、右に行けばまもなく**奥医王山**山頂に着く。

下山は来た道を戻るか、周回してもいいだろう。ただし沢コースの下りは避けた方が無難。

（村上秀明）

CHECK POINT—Ⓐ小原道コース

1 医王山案内板が立つ広場。車を停めて、菱池谷橋を渡って林道を登山口に向かう

2 小原登山口。農道脇に立つ標識にしたがって杉林の中の登山道に入る

3 725㍍ピークに立つ標柱。少し下るとベンチがあり、その先の鞍部が蟻ヶ腰

4 医王山でもトップクラスのブナ林が続く尾根コース

CHECK POINT—Ⓑ栃尾道コース

1 栃尾集落跡地の登山口。駐車場やトイレも設置されている

2 栃尾道登山口。道は急斜面を横切るように続いている

3 左は尾根コース、右はワ谷を遡る沢コースの分岐

4 尾根コース840㍍付近のイワウチワが咲く休憩スポット

＊コース図は54～55㌻を参照。

13 眺望と花が楽しみな医王山のメインルート

医王山② 白兀山

いおうぜん しらはげやま 896m

日帰り

歩行時間＝4時間50分
歩行距離＝12・8km

技術度 体力度

コース定数 ＝**23**	
標高差 ＝322m	
累積標高差	↗945m ↘945m

↑金沢市野田方面から見る医王山。左手前にキゴ山、そのうしろに白兀山、蛇尾山、その右に奥医王山

←落差20メートル。3段になって落ちる三蛇ヶ滝は医王山のオアシス

白兀山は医王山《いおうぜん》の山頂とされ、かつては薬師如来像が祀られていたという。県内外の登山者からは、四季を通じて登れる山として親しまれている。特に、早春から初夏にかけてはさまざまな草花に出会うことができ、「新・花の百名山」の一山としても知られている。

医王山スポーツセンターを出発すると、すぐにログハウスのある**見上《みあげ》峠**だ。この手前左の案内板から登山道に入る。ところどころ深い溝となっている道を、送電線鉄塔や石仏を見て登っていく。

杉林に入るとバンガローのある**医王の里キャンプ場**に出る。右下にスゲ池があり、この先でいったん車道へ出るが、すぐ「白兀山頂まで60分」の標識に出合う。斜面を登りきると、車道を右に見ながら進む。途中にある鉄塔の周辺からは金沢市街が一望できて眺めがよい。

杉林やユキツバキが多い道を登っていくと、左に地蔵が祀られている。ここから少し下ると休憩所と駐車場がある**西尾平**だ。車道に平行して登山道が続き、登りきるとユキツバキが目立ちはじ

W坂（石伐坂）から見る医王山

め、まもなく右に車道が見えて**しがらくび**駐車場からの登りと合流する。この先を少し登ると覗《のぞき》への分岐で、左折して林道に入り、右に進めば**覗**の休憩所だ。左の緩やかな尾根筋から山腹を下っていくと、まもなく**大池《おおいけ》平休憩所**に着く。

大沼を右に見て三蛇《さんじゃ》ヶ滝《たき》方面に進み、登りのあと、すぐ下りとなって、右に「トンビ岩経由白兀山75分」の標識を確認すると、岩場の登りとなる。鎖も取り付けられているので、慎重に登っていくと、**鳶岩《とんびいわ》**のピークに達する。

鳥のトビに似ていることから名がついた鳶岩

■鉄道・バス

往路・復路＝JR金沢駅から医王山スポーツセンター前行き北陸鉄道のバスがある。金沢駅兼六園口発が朝8時ごろに1本、帰りは17時前後に1本のみ。

■マイカー

北陸自動車道金沢森本ICから国道159号、県道209号などで約17㌔。金沢西ICからは県道25号、144号、209号などで約19㌔。登山口付近に5台程度の駐車場がある。

■登山適期

3月末の残雪の時期から本格的なシーズンだが、一年を通じて楽しめる。

■アドバイス

▽スタートからしがらくびまでの間の登山道はカーブの多い林道と平行、あるいは交差している箇所もある。通行する車両に気をつけること。

▽大池平を俯瞰すると、周りを壁のように囲まれ、中央に突き出した尾根の先端にトンビ岩がそびえている。さながら火口壁に囲まれ、マグマの柱が固まって残ったような地形である。大沼には腐った植物の堆積に植物が根を張った「浮芝」が見られ、トンビ岩との取り合わせは自然の造形美である。

▽鳶岩の鎖場の登りに自信のない場合は、大池平休憩所から大沼の脇を通り、直接鳶岩の背後の尾根に登る道（急な階段）を利用するとよい。

ここからは緩急織り交ぜた登りののち、小兀《こはげ》の岩場に出る。眺めがよく、西方に金沢市街、左に白山連峰が望める。

少しの登りで**白兀山**山頂に着く。小さなお堂に石仏が安置されている。展望台に登れば360度の視界が開ける。東に砺波《となみ》平野をはさんで北アルプスを望み、南方面には白山《はくさん》連峰、さらに金沢市街、北方に遠く能登《のと》半島を望む。

下山は、前山の左下を巻くように下り、**しがらくび**、**西尾平**とたどり、往路を下って**医王山スポーツセンター**へ戻る。なお、白兀山山頂からは、夕霧峠《ゆうぎりとうげ》を経て奥医王山に向かうこともできる。

（三谷幹雄）

■問合せ先
金沢市役所環境政策課☎076・220・2111、北鉄バステレホンサービスセンター☎076・237・5115

■2万5000分ノ1地形図
福光

CHECK POINT

1 見上峠登山口。ログハウスが目印になる

2 鉄塔の先に祀られる地蔵

3 駐車場や休憩所がある西尾平登山口

4 覗休憩所から山腹を下っていく

5 大沼畔に下り立つ

6 大沼畔に建つ大池平休憩所

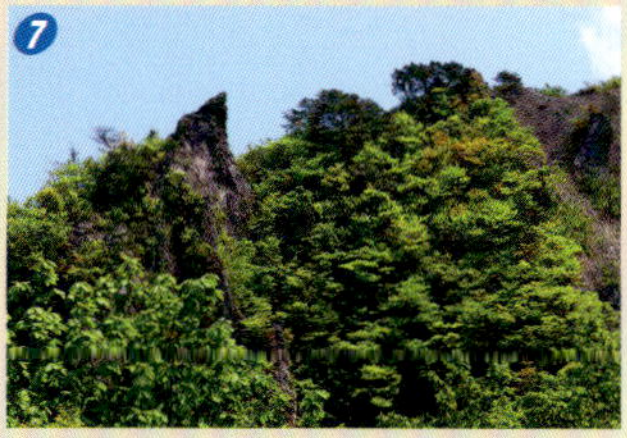
7 大池平休憩所付近から見る鳶岩

8 鳶岩を登る。鎖もあるが、慎重に

9 小兀からは金沢市街や白山が望める

10 360度の視界が開ける白兀山山頂

地蔵峠
大池平
休憩所
13-5
13-6
WC
0.20
0.25
564
大沼
石動ヶ滝
背中坂の鎖場
鳶岩
13-7
13-8
648
372
697
覗
13-4
0.15
0.20
0.55
0.45
789
564
覗方面への分岐
西尾平
休憩所
13-3
WC P
649
桔梗ヶ原
0.15
791
771
722
612
0.20
724
しがらくび
P
10台
15台
前山
13-10
白兀山
896
小兀
13-9
0.25
0.30
駐車場から10mの階段
深い溝の道
360度の展望
ナカオ新道
856
医王山
1.00
595
637
612
827
夕霧峠
1.00
0.40
12-A-3
725m
ピーク
蟻ヶ腰
急坂
1.00
0.40
ブナ林、
トクワカソウ
急な階段
竜神池
イオックス・アローザスキー場
571
ゴンドラリフト
786
12-A-4
奥医王山
939
360度の展望
0.40
0.30
900
富山県
南砺市
12-B-4
尾根コース
沢コース
ワ谷源流難路。
アズマシロカネソウ、
サンカヨウ
832
水
800
748
486
分岐
展望台
12-B-3
ブナ林
700
726
猿ヶ山、大門山
などの展望
348
オージャラ
600
ベンチ。
金沢市街地、
日本海の展望
500
490
400
1.25
1.05
612
652
488
474
ホオノキの大木
N
493
376
横谷登山口
0
500m
1:30,000
557

戸室別所
ブナ林
14-2
戸室山
548
急な階段
医王山寺
医王山スポーツセンター前バス停
362m
Start Goal
医王山スポーツセンター
医王山スキー場前バス停
戸室権現
九頭竜大権現
急登
銀河の里キゴ山口バス停
371m
Start Goal
どんぐり
14-1
100台
小豆沢町
金沢市キゴ山ふれあいの里研修館
キゴ山
546
展望台、金沢市街地、日本海の展望
14-3
14-4
13-1
見上峠
医王の里キャンプ場
526
13-2
地蔵が祀られる
30台
大菱池町
医王山案内板
5台
12-A-1
Start Goal
305m
菱池谷橋
鉄塔
12-A-2
小原道コース登山口
357
平等本町
銀河の里キゴ山
403
天体観察センター
石川県
金沢市
医王山川
栃尾道コース登山口
12-B-1
栃尾集落跡地
10台
385m
Start Goal
12-B-2
北袋町
上山町
下谷町
芝原町
芝原バス停
東町
浅ノ川温泉「湯楽」
刀利ダムへ
金沢市街へ
浅野川

14 山を越え、医王山の別天地・大池平へ

箱屋谷山

はこやたにやま
685m

日帰り

歩行時間＝3時間25分
歩行距離＝7・2km

技術度

体力度

コース定数＝**14**

標高差＝265m

累積標高差 ↗571m ↘571m

↑鳶岩付近から見た箱屋谷山と大池平

↓三蛇ヶ滝

「鹿辷《しかすべ》り」といわれる豊吉《とよよし》川の渓谷美と深い森が広がる大池平《おおいけだいら》は、医王山《いおうぜん》を代表する景観のひとつで、さまざまなルートから集まるハイカーの憩いの場所となっている。箱屋谷山はその大池平の西方にある山だ。

医王山ビジターセンターの近くから谷沿いの広い道を行くと左手に急な階段が続いている。いきなりの急登で息が切れるが、春にはオオイワカガミが咲く。

尾根に出ると右手が杉林になり、河北《かほく》潟《がた》や金沢市街が見えてくる。道は南東に緩やかにカーブし、やがて地蔵《じぞう》峠への分岐に出る。左に行くと**箱屋谷山**の山頂だ。狭い山頂だが、3等三角点があり、はるかに宝達山《ほうだつさん》が遠望できる。

休憩を終えたら、来た道を戻り、分岐を左折して、地蔵峠に向かおう。途中に大池平の全容が見える絶景のポイントがあり、眼下に広がる森に、大池平休憩所の屋根が

■鉄道・バス
往路・復路＝利用できる交通機関はないので、マイカーでの入山に限られる。

■マイカー
県道27号から林道医王山線に入り、終点に医王山ビジターセンターがある。管理棟にはトイレもあり、駐車場も広い。北陸自動車道金沢森本ICからは約19キロ。

■登山適期
花の見ごろは5月上旬から中旬にかけて。5月から6月にかけての新緑と盛夏の緑陰、11月の紅葉、季節を問わず楽しめる。

■アドバイス
▽大沼の右の道から尾根に登り左へ行くと鳶岩のそばまで行くことができる。また背中坂の岩場を登るルートもあるが、難度は高い。自信のない人は登らないように。特に岩が濡れている時や下りには使用しないこと、危険である。
▽幹線園路から東方向を見ると、黒瀑山の西斜面が豊吉川に落ちこむV字渓谷をのぞき見ることができる。箱屋谷山は幹線園路の真上にあたる。

■問合せ先
金沢市役所環境政策課☎076・220・2111、医王山ビジターセンター☎076・236・1165

■2万5000分ノ1地形図
福光

CHECK POINT

出発点の医王山ビジターセンター

狭い箱屋谷山山頂。宝達山が遠望できる

各所からの登路が合流する地蔵峠

大沼畔に建つ大池平休憩所

時間や天候、季節で色が変化する三色泉

小さく見える。

地蔵峠には赤い前掛けをつけた地蔵が安置され、4コースが合流する。標識を見て大池平への道を下ると、春にはエンレイソウやサンカヨウなどの花々が群生している。ホオノキ、イタヤカエデなどの大木が目立ってくると、大池平に着く。**大池平休憩所**にはベンチとトイレがある。正面を見ると、大沼《おおいけ》と鳶岩《とんびいわ》の岩壁が絶妙なバランスで配置され、まさに自然がつくり出した日本庭園のようだ。

大沼を右に見てガレ場を下ると**豊吉川の川床**に下りる。三蛇《さんじゃ》ヶ滝が豪快に水飛沫を上げ、涼しげにカジカガエルが鳴いている。

大沼に戻り、「大池平周遊コース」に入ってしばらく進むと三色《さんしょく》泉《せん》への**分岐**がある。空と森が水面に映り、季節と時間で微妙に色が変化する水の流れが美しい。手を入れるとしびれるほど冷たい。**三色泉**からは往路を戻り、**分岐**からさらにコースを進むと、蛇行した水の流れに木橋が架かる曲水《きょくすい》探勝散策路がある。曲水を一周し、最後は幹線園路と合流、右折して幅広い作業道を下ると**医王山ビジターセンター**に戻る。（村上秀明）

15

戸室山・キゴ山

戸室石の産出で知られる金沢市民に人気の山

とむろやま　548m
きごやま　546m

日帰り

歩行時間＝2時間15分
歩行距離＝4・7km

技術度
体力度

コース定数＝10
標高差＝177m
累積標高差 417m 417m

金沢市の市街地からスキー場が目立つキゴ山、その左が戸室山で、金沢市民なら子供のころからスキーや遠足に行った山だ。両山とも40～60万年前に戸室山の噴火により形成され、名産の戸室石は金沢城の石垣や建造物に利用されていることで知られている。どんぐり茶屋の横から戸室山へ登り、向かい側のキゴ山を周回するコースを紹介しよう。医王山寺からの反対回りも可能だ。

JR北陸本線金沢駅から医王山行きバスで**銀河の里キゴ山バス停**下車。広い駐車場があり、車利用にも便利だ。どんぐり茶屋左横の登山口から登る。しばらく急坂を登ると尾根道になる。落葉樹やアカマツの交じる林を下ると**九頭《くず》竜《りゅう》大権現**の祠の前に出る。古い祠と新建材の混在する異空間だ。直進すると山頂への近道だが、左の権現《ごんげん》森へ進む。ブナの大木が残る森の一角が切り開かれ、金沢市街が一望できる。左へ行くと戸室別所《とむろべっしょ》からの道と合流する。右へ進み、山頂へ向かう。**戸室山**山頂には3等三角点があるが、眺望はない。

山頂からは医王山寺方面へ進む。赤土ですべりやすい道から医王山寺の境内に続くコンクリート階段321段を慎重に下る。

車道を渡り、**医王山スキー場前バス停**からスキー場ゲレンデを登ると、**キゴ山**山頂は目の前だ。かつて放牧場だったので、展望のよいところが多く、天文学習棟付近では、星空の観察や市街地の夜景も楽しめ、夜も人気の場所だ。

←医王山寺前から見た戸室山

■鉄道・バス
往路・復路＝JR金沢駅から医王山行きの北鉄バスで銀河の里キゴ山バス停下車。所要約47分。ただし、便数が少ないので、金沢駅から湯桶温泉行きに乗り芝原バス停で下車してもよい。48ページ参照。
■マイカー
北陸自動車道金沢森本ICから国道1

キゴ山から金沢市街を見る。夜景の美しさでも人気がある

戸室山（左）とキゴ山（スキー場）、奥は医王山

CHECK POINT

1

銀河の里キゴ山バス停の戸室山登山口。どんぐり茶屋の左横から登る

2

3等三角点の戸室山山頂。木立に囲まれて展望はない

3

かつては放牧場だったキゴ山山頂の山頂標識

4

広々としたキゴ山山頂の展望台。リフトも登ってきている

下山はどのコースからも**銀河の里キゴ山バス停**に戻れる。また、見上峠を経由して湯涌《ゆわく》方面へ約6キロ下ると芝原バス停があり、こちらの方がバスの本数は多い。（小西光子）

59号、県道202号などで約18キロ。金沢西ICからは国道157号、県道202号などで約18キロ。

■**登山適期**
4～5月は新緑と花、山菜摘み、6月はササユリ、10月は紅葉とキノコ狩りによい。

■**アドバイス**
▽戸室山の地名は、泰澄大師が医王山開山の際、戸室山に外室を置いたのが転化したとの説がある。キゴ山の地名は、越中からの攻撃に備えた（警護の山）との説。豊臣秀吉の朝鮮出兵の折、捕虜（朝鮮人）の故郷の山に似ていたとの説もある。
▽キゴ山ふれあい研修センターは、金沢市運営の施設で里山や宇宙について学び、自然に親しむのが目的。

戸室石切場跡

■**問合せ先**
金沢市役所環境政策課☎076・220・2111、キゴ山ふれあい研修センター☎076・229・0583、北陸鉄道テレホンサービスセンター☎076・237・5115

■**2万5000分ノ1地形図**
金沢　福光

＊コース図は54～55ページを参照。

16

ブナ林を縫い、犀奥の山々の展望を楽しむ

高尾山・吉次山

たかおやま 841m
きちじやま 800m

日帰り

歩行時間＝6時間35分
歩行距離＝15・8km

技術度
体力度

コース定数＝**29**
標高差＝681m
累積標高差 ↗1131m ↘1158m

小立野《こだつの》台地の延長線上に位置し、犀《さい》川と浅野《あさの》川にはさまれた2つの山は、湯涌《ゆわく》方面から見ると、なだらかな山容を連ねているが、南斜面は急峻な尾根と谷で犀川に落ちこんでいる。この2山を結ぶコースを歩いてみよう。

湯涌温泉バス停から右の坂を上り、3キロほど行った林道終点が**登山口**。杉林を抜け、広葉樹の林に出ると、岩を抱えて根を張るケヤキのそばを通る。いったん道は平坦になるが、すぐに急登となる。登りきれば広い尾根に出て、ほぼ水平な道が続き、春先にはカタクリが群生する。

天然杉の巨木をすぎたあたりから少しずつ高度が上がり、溝状の道を行くと分岐があり、左折すれば前高尾山に通じている。ササに覆われている場所もあるが、赤テープを目印に進むと5分ほどで**前高尾山**山頂に着く。3等三角点があり、医王山《いおうぜん》から金沢市街まで一望できる。片隅には八手観音《やつでかんのん》も祀られている。

少し戻って左の道を行くと元の道に合流する。天然杉が目立つ水平道から、奥高尾山へ向かっていっきに下り、鞍部に下り立つ。続いてブナ林の斜面を登ると、木の間隠れに大門山《だいもんざん》が見え、最後の坂を登りきれば**奥高尾山**山頂に出る。左は順尾山《ずんのおやま》へ、吉次山は右に行く。

快適なブナの純林が続き、雪が消えるころになるとトクワカソウが群生する。さらに下ると、広いブナ林の中に池塘が点在するが、残念ながらやぶの中だ。一段下ると**日尾池**《ひお》がある。6月ころにはモリアオガエル、サンショウウオの卵塊が見られる。

やがてやせ尾根からの急坂を登りきれば、犀奥《さいおく》の山々を望む絶好の展望ポイントに着く。ここまで来ると山頂は近い。**吉次山**の山頂部は切り開かれ、休憩にはよい場所だが、展望はきかない。少し先の登山道脇に2等三角点がある。

■鉄道・バス
往路＝JR金沢駅から金沢北鉄バス湯桶温泉行きに乗り、終点下車。所要約50分。
復路＝同じバス路線の芝原バス停から金沢駅へ。所要約45分。

■マイカー
湯桶温泉から1・5キロほど入った林道終点の登山口に広い駐車スペースがある。北陸自動車道金沢森本ICから国道159号、県道10号などで約21キロ。吉次登山口側は、林道上部が荒れているので、途中の畠尾に車を停めて歩いた方が無難。

■登山適期
トクワカソウやカタクリが咲く4月中旬から5月の新緑のころ、また秋の紅葉もすばらしい。

■アドバイス
▽湯涌温泉は開湯1300年の歴史があり「金沢の奥座敷」といわれている。夢二館、創作の森、江戸村など見どころが多い。
▽少年の森コースは登山道に沿って、カタクリがみごとに咲く。少年の森をすぎ、林道終点の鉄塔の下に3、4台駐車できるスペースがある。吉次山まで2時間30分、20分ほど足をのばすと日尾池まで行ける。

■問合せ先
金沢市役所環境政策課☎076・220・2111、湯涌温泉観光協会☎076・235・1040、北鉄

芝原町から見る。左から前高尾山、吉次山の稜線

吉次山の展望ポイントから見た犀川源流の山々

下山は、いったん下って登り返せば**分岐**となり、左は少年の森へ、右へ行けば採掘場跡地の車道終点、**吉次山登山口**に出る。ここから7キロほど歩き、**芝原**《しばはら》まで行くとバス停がある。

（村上秀明）

テレホンサービスセンター☎076・237・5115

■2万5000分ノ1地形図

湯涌・鶴来

CHECK POINT

1 湯涌温泉バス停。右奥の坂を行くと突き当たりが登山口

2 前高尾山山頂。右奥に八手観音像が納められた祠がある

3 木立に囲まれた奥高尾山山頂。展望は一部のみ

4 ミツガシワが群生する日尾池。モリアオガエルも棲む

5 変形ブナも見られる吉次山山頂。展望はない

6 左に少年の森コースを分けて吉次山登山口方面へ

17 静寂のブナ林が続く県境尾根を歩く
順尾山・大倉山・赤堂山

ずんのおやま　883m
おおくらやま　1005m
あかんどうやま　1059m

日帰り

歩行時間＝6時間30分
歩行距離＝6・2km

技術度　体力度

コース定数＝**23**	
標高差＝253m	
累積標高差	↗ 869m ↘ 869m

県道10号沿いにある湯涌《ゆわく》温泉から4キロほど山間に入ると、家が3軒ほどの横谷《よこたに》町集落がある。この先の刀利《とうり》峠が県境となり、道は富山県南砺《なんと》市へ下っている。県境はいったん沢筋にのび、順尾山付近で再び稜線に出て、犀川《さいかわ》源流の山々から白山へと続いている。紹介する3つの山は犀奥への入口に位置する山々である。

横谷町集落の手前を右折して、林道順尾山線を7キロほど行ったところが**登山口**だ。杉林からすぐにブナ林となり、河内《かわち》谷をはさんで西方向が高《たか》尾山《おやま》から吉次山《きちじやま》へ続く稜線となるが、見晴らしはよくない。

30分ほど歩くと左手のやぶの中に細い道が続いている。その先に**上順尾山**の3等三角点があるので確認しよう。もとの道に戻り、少しずつ高度を上げ、右手にある「桃《もも》の木《き》道」の標識をすぎると、まもなく**順尾山**に着く。標識がなければ通りすぎてしまいそうな山頂で、見晴らしもない。

少し行くと吉次山がよく見える尾根筋となり、やがて分岐がある。右へ行くと奥高尾山へ、大倉山は左へ行く。ここから急な下りがあ

←快適なブナ林を行く

←吉次山から望む順尾山、大倉山、赤堂山、大門山

■**鉄道・バス**
往路・復路＝直近は芝原バス停だが、登山口までは11キロもあるため、マイカーかタクシー利用が一般的。

■**マイカー**
最寄りインターの北陸自動車道金沢森本ICから国道159号、県道10号などで約29キロ。林道終点の登山口に広い駐車スペースがある。登山口は806メートルと標高が高いので、気温が下がった春先の林道は凍結に注意。

■**登山適期**
4月下旬から5月は、カタクリやトクワカソウなどの春の花がいっせいに咲き、山が華やぐ。ただ日陰には残雪があるので無理をしないこと。紅葉もすばらしい。落葉を踏みながらの冬枯れの山は空気も澄んでいて見晴らしがいい。

■**アドバイス**
▽大倉山から赤堂山への道は歩く人も少なく、一般ルートとはいいがたい。また河内谷へ下る「桃の木道」も同じことがいえるので、初心者だけのグループは避けた方がよい。
▽順尾山から奥高尾山は所要約1時間30分。往復すると3時間以上はかかる。道はわかりやすいが、急坂のアップダウンがある。歩く人の少ない登山道は、年々変化するので、リーダーは事前の下見や情報収集が必要になる。
▽下山後の温泉は県道10号沿いに浅

り、登り返せば三角形の大倉山が近づいてくる。

　途切れることなく快適なブナ林が続き、緩やかなアップダウンから、ロープを張った急坂を登りきれば山頂は近い。**大倉山**山頂は３等三角点の山だが、見晴らしはないので、そのまま直進し、赤堂山の標識を左に見て少し行くと、大《だい》門山《もんざん》から高三郎《たかさぶろう》山など、犀奥の山々の絶好の展望台がある。ここで充分に展望を楽しむことにしよう。

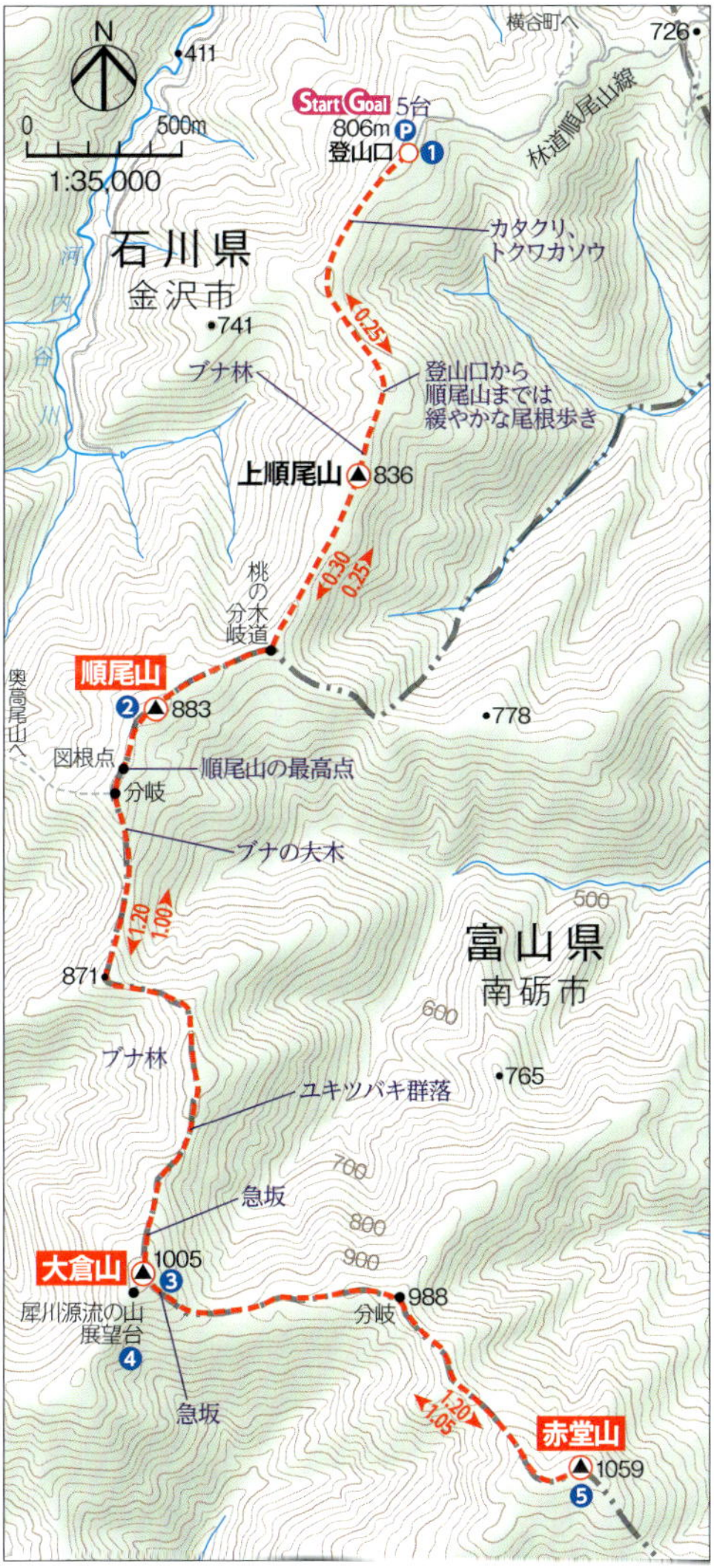

ノ川温泉湯楽がある。

問合せ先
金沢市役所環境政策課☎076・220・2111、大和タクシー☎076・266・5166
2万5000分ノ1地形図
湯涌・西赤尾

　赤堂山への道は切り開かれて間がないため歩きづらい。いったん下り、緩やかな坂を登っていくとやがて988メートル地点に着く。分岐となっていて、右の道を行くが、標識がないので充分注意したい。なだらかだが、やぶっぽい道が続き、最後のやや急な坂を登れば広い**赤堂山**山頂部に着く。低木が伐採され、「赤堂山」と書かれた手造りの標識がぶら下がっている。

　下山は往路を戻る。（村上秀明）

CHECK POINT

1 標高806メートルの林道終点広場。杉林の登山道に入って直進するとミズナラ林からブナ林に変わる

▼

2 順尾山山頂883メートルは稜線から少しはずれていて、この先の図根点標石がある場所が最高点

▼

3 大倉山山頂は３等三角点が置かれているが展望はない。休憩は少し先の展望台がいいいだろう

▼

4 縦走路を離れて、三角点の先へのびている道に入ると犀奥の山々を見晴るかす展望台がある

▼

5 赤堂山山頂。大倉山からの稜線道は不明瞭な箇所もあり要注意

18

古い歴史を伝え、山上に池があることで親しまれてきた山

倉ヶ岳《くらがたけ》

565m（最高地点=584m）

日帰り

歩行時間=4時間15分
歩行距離=9・7㎞

技術度

体力度

コース定数=18

標高差=508m

累積標高差 ↗732m ↘722m

馬の鞍のような山容の倉ヶ岳

金沢市の南部、白山《はくさん》市鶴来《つるぎ》地区との境にある。馬の鞍のようなこんもりとした山容が山名の由来だ。山頂直下の岩壁と伝説を残す山上の池が、この山の魅力のひとつで、古くから金沢市民や金沢近辺の人々に親しまれてきた。白山市月橋《つきはし》にある槻橋《つきはし》神社から登り、鶴来市街地近くの朝日《あさひ》町へ下るコースを紹介しよう。

富樫政親が墜死したという伝説がある大池

　北陸鉄道**日御子《ひのみこ》駅**で下車、山手へ向かい、県道を横切って月橋町に入ると、川沿いに**槻橋神社**がある。さらに沢沿いに進み、右手に少し入ったところが**登山口**だ。標識があり、その先の左側の階段から登山道に入る。

杉の植林地の細い溝状の登山道を登り、最初の林道を横断、標識を確認して登山道に入り、さらに2本目の林道を横断する。ここでも標識を確認して杉の植林地を登り続け、下ったところで**大池**の広場に着く。

　池畔は風吹《かぜふき》峠や頂上への分岐になっているので、頂上への道に入る。ユキバタツバキが茂る中の緩やかな階段を登ると頂上直下の岩場に着く。ロープを伝って短い岩場を慎重に登り、岩場の上で右手へ少し行くと2等三角点の石標がある**倉ヶ岳**山頂に立つ。樹木に覆われ眺めはほとんど望めないが、わずかに犀奥《さいおく》の山並みが見える。眺望を楽しむなら、山頂から下り、大池の岩壁真上ののぞきに立てば倉ヶ岳いちばんの眺望が目に飛び

■鉄道・バス
往路=北陸鉄道日御子駅から歩きはじめる。
復路=同路線の終点駅である鶴来駅から帰途につく。

■マイカー
風吹峠に駐車スペースがあり、頂上往復コースで利用されている。北陸自動車道白山ICから県道8号、58号などで約19・5㌔。また、白山市坂尻と月橋、金沢市窪や高尾などからの車道で山頂直下の駐車場まで入ることもできる。

■登山適期
真夏や積雪期は不向き。岩場もあるので積雪がなくなる4月からが適期。秋の紅葉もよい。

■アドバイス
▽鶴来や日御子への北陸鉄道は金沢市野町が始発。JR北陸本線西金沢駅を経由する。
▽登山道は快適だが、登山口や分岐のあたりは少々荒れているので確認が必要。
▽大池には、加賀国守護・富樫政親が一向一揆勢の将と組み合って馬もろとも池に墜死したという伝説がある。
▽槻橋神社から戦国時代の槻橋城跡への登山道が新たにできた。

■問合せ先
白山市役所鶴来支所☎076・272・1111、北陸鉄道テレホンサ

こんでくる。
のぞきからは右へ進み、倉ヶ嶽集落からの林道に出ると、左手に10台ほど駐車できる駐車場がある。続いて岩場でロッククライミング、池でフナ釣りを楽しむ人を見て**大池**広場へ戻る。

下山は風吹峠を目指す。杉林を進み、右手の尾根道へ。赤いテープが目印となる快適な登山道が続く。かつては内《うち》川沿いの住民の生活道だった**風吹峠**の地蔵の前を通り、獅子《しし》吼《く》高原へ向かう林道に出る。朝日町方面への標識があり、標識にしたがって細い登山道を下ると砂防堰堤のダムに出る。

堰堤横の道を通って朝日町へ下る。車道を渡り、鶴来市街地で右方向へ進めば北陸鉄道**鶴来駅**に着く。　（東 京子）

ーヒスセンター☎076・237・5115
■2万5000分ノ1地形図
鶴来・粟生

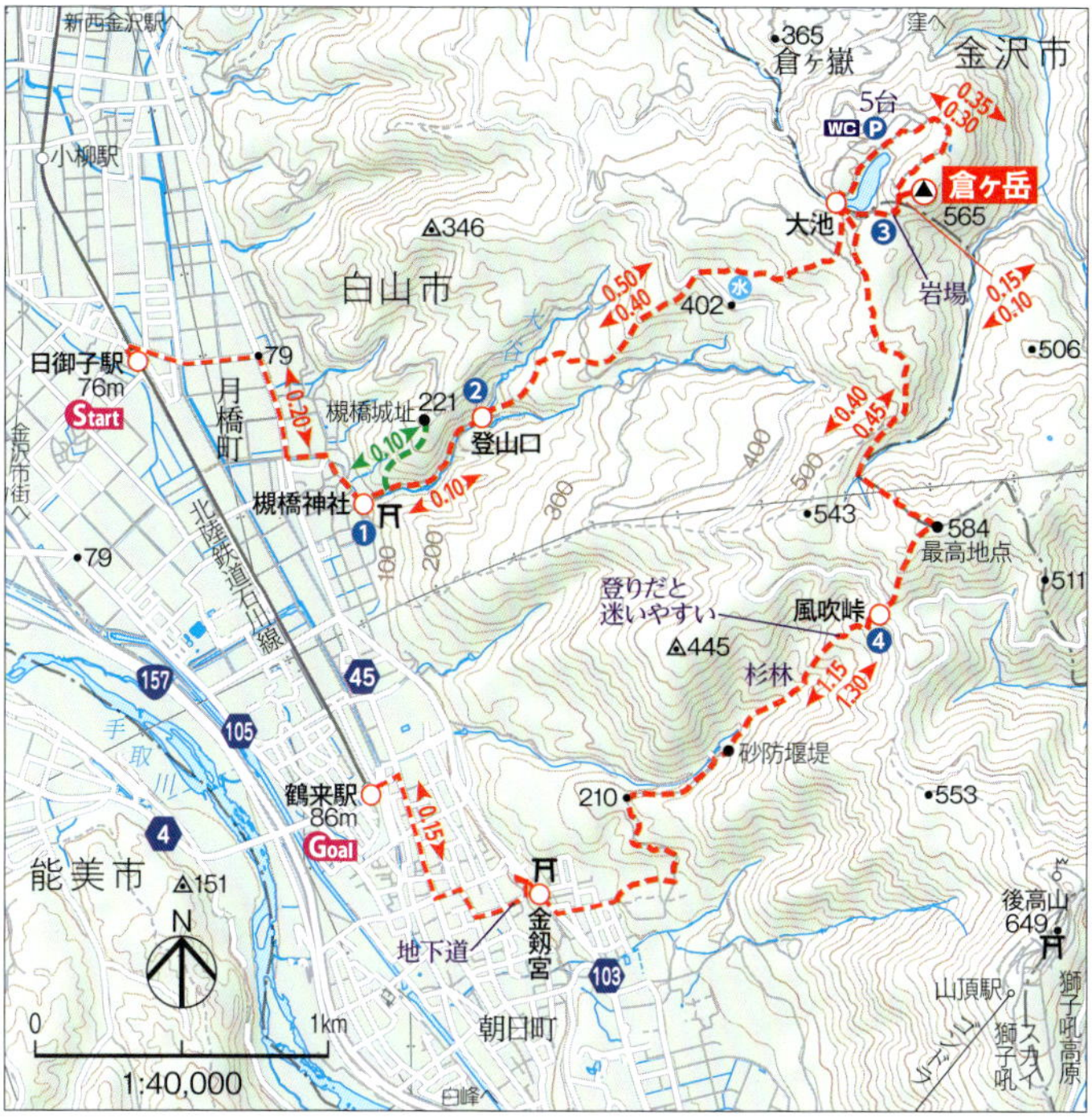

CHECK POINT

室町時代後期の武将・富樫政親ゆかりの槻橋神社から大谷沿いの車道を行く

少し入ったところを左に行くと登山口があり、杉の植林地の中に細い登山道が続いている

山頂へは短い岩場が待っている。ロープが張られているので慎重に登っていこう

内川沿いの住民の生活道だった風吹峠。数多くの地蔵が祀られている

19

扇状地の大展望とカタクリロードが魅力の山

奥獅子吼山

おくししくやま
928m

日帰り

歩行時間＝6時間25分
歩行距離＝15・2㎞

技術度
体力度

コース定数＝27
標高差＝842m
累積標高差 1017m 1017m

雪が残る奥獅子吼山

金沢から南東方向へ車で約30分行った白山《はくさん》市鶴来《つるぎ》町の背後の山並みは「獅子吼高原」とよばれ、奥獅子吼山はその南奥に位置している。ゴンドラのある獅子吼高原から、並び立つ鉄塔をたどると奥獅子吼山はすぐに同定できる。山頂への途中、手取《てどり》川扇状地に続いて日本海まで見わたせる大展望と、4月下旬から5月上旬にかけて登山道一面を覆うみごとなカタクリの群生が人気の山だ。ゴンドラに乗り、山頂駅から奥獅子吼山まで稜線を歩くか、樹木公園からの往復コースがよく歩かれている。また、車で林道の峠まで行き、山頂を往復すると、ファミリーでも手軽に登ることもできる。山麓から登り、奥獅子吼山山頂を経て樹木公園に下りる周回コースを紹介しよう。

北陸鉄道石川《いしかわ》線終点の**鶴来駅**から山の方へ向かう。登山口はゴンドラ乗り場の**パーク獅子吼**の右手奥にあり、ゴンドラとは離れるように、杉林の中をジグザグに登っていく。早春にはカンアオイ、タチツボスミレ、ホウチャクソウなどの花が見られる。

杉林を抜けると展望が開け、まもなく**月惜《つきおしみ》峠**に到着する。小屋の前でゴンドラ山頂駅（スカイ獅子吼）からの道と合流し、右へ行く。緩い登りから水平な道になり、手取川扇状地の眺望が順々に開けてくる。ほどなく舗装された**林道犀《さい》鶴《かく》線**が登山道と交わる。

ここからが待望のカタクリロード、奥獅子吼山山頂近くまでカタクリが道の両側を彩る。初夏にはヤマツツジやズミの花も見られる。送電線鉄塔の分岐を見送って、尾根沿いをたどる。帰路の**林業試験場への分岐**は、確認しておくこと。

山頂手前、宿《しゅく》の岩《いわ》への分岐を左に進む。すぐ目の前が**奥獅子吼山**山頂で、白山、大笠《おおがさ》山、大門《だいもん》山の山々、蛇行した手取川の流れなど、360度の展望が堪能できる。

■鉄道・バス
往路・復路＝北陸鉄道鶴来駅が起・終点になる。

■マイカー
国道179号を左折し、パーク獅子吼の駐車場または林業試験場、樹木公園の駐車場を利用する。

■登山適期
登山適期は4月末から11月にかけて。特にカタクリの花咲くころと秋の紅葉のころがおすすめ。

■アドバイス
▽獅子吼高原ゴンドラの営業時間は10～17時。季節により変更があり、風の強い日は運行を見合わせる。
▽石川県林業試験場樹木公園は県林業試験場構内にあり、130品種、約900本が植えられた桜の名所と

下山は、来た道を途中の**林業試験場分岐**まで戻り、踏跡にしたがって下りる。途中、切り開かれた急斜面では両手・両足を使って慎重に下ろう。

月惜峠手前から見る手取川扇状地

奥獅子吼山山頂から遠くに霞む白山を望む

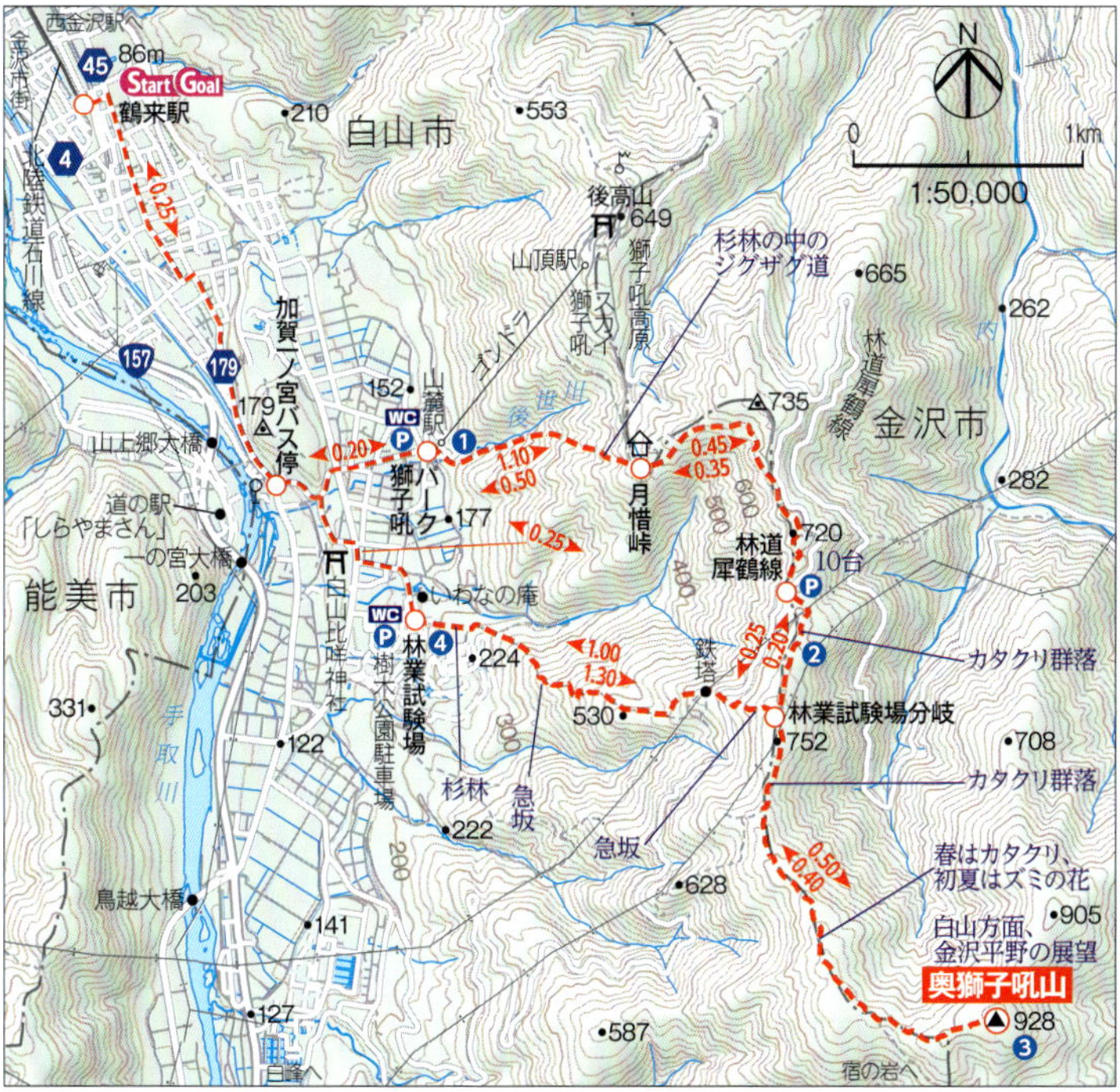

ジグザグの道を下ると、林業試験場の杉林に入り、**林業試験場**本館前の駐車場に出る。舗装道に出て、「いわなの庵」の前からさらに下ると白山《しらやま》比咩《ひめ》神社に出る。参道を通り抜け、市街地を経て**鶴来駅**に戻る。（小西光子）

CHECK POINT

1 ゴンドラ横からの登山口

2 一面のカタクリ

3 奥獅子吼山山頂と三角点

4 林業試験場への通路

しても名高い。

桜の名所、林業試験場

▽白山比咩神社は白山を御神体とする全国3000社の総本宮。

白山比咩神社本宮

▽月惜峠には老朽化した小屋があり、中には、昭和8（1933）年に開催されたスキー大会で遭難した3人の慰霊のため、地蔵が3体祀られている。

▽宿の岩は、昔修験者が白山に登る前にここで修行したという。白山市河内町板尾集落に登山口がある。

■問合せ先
白山市役所鶴来支所☎076・272・1111、獅子吼高原☎076・272・0600、北陸鉄道テレホンサービスセンター☎076・237・5115

■2万5000分ノ1地形図
鶴来・口直海

20

伝説を秘める池をめぐり、山頂で展望を楽しむ

口三方岳

くちさんぽうだけ
1269m

日帰り

歩行時間＝5時間20分
歩行距離＝7・8km

技術度

体力度

コース定数	＝22
標高差	＝933m
累積標高差	↗969m　↘969m

金沢方面からは判別しにくいが、奥獅子吼山《おくししくやま》から奈良岳《ならだけ》まで続く尾根の中間あたりにどっしりとした山容を見せているのが口三方岳で、春の花や紅葉が美しい山として知られている。

登山口には5台ほどの駐車スペースがある。標識にしたがって山道を登ることになるが、最初からすべりやすい急登で、濡れている時は消耗する。登りきると岩混じりの細い尾根となり、春はオオイワカガミやカタクリの花が見られる。

やがて杉林をすぎると道は水平になり、ひと汗かいた体には爽快だ。再び杉林の登りを経たあとは雑木林の連続となる。振り向くと谷向かいの三雄山《さんゆうさん》に白山《はくさん》セイモア

標高が増すごとに背後に白山がせり上がってくる

山頂直下の景清の池は平家の落人伝説を残す

■**鉄道・バス**
往路・復路＝千丈温泉へ口直海から白山市コミュニティバスの路線があるが、土・日曜運休。便数も少ないため、登山はマイカーかタクシー利用に限られる。タクシーは北陸鉄道石川線鶴来駅前で乗車する。

■**マイカー**
北陸自動車道白山ICから国道157号、県道8号などで約28キロ。

■**登山適期**
花のある5月、秋の紅葉は10月中旬から11月上旬がベスト・シーズン。

■**アドバイス**
▽山頂手前の景清の池は、平家の落人悪七兵衛影清が流した涙がたまってできたという伝説にもとづく地名である。また内尾地区には、倶利伽羅峠の戦いで敗れた平家の落人が身を寄せたという伝説も残る。
▽途中にある水場の水量は少なく、利用できないこともある。
▽内尾の直海谷川畔には親水エリアもあり、夏は親子連れの水遊びでにぎわい、付近にキャンプ場もある。

■**問合せ先**
白山市河内市民サービスセンター☎076・272・1100、白山市コミュニティバス☎076・274・9548、かなやタクシー☎076・272・0085

■**2万5000分ノ1地形図**
口直海

スキー場のゲレンデが見える。

やがて三雄山の向こうに白山の山頂部分が顔を出し、それがしだいにせり上がってきて、登ってきた高度差が実感できる。大きな岩が点在する**岩屋敷**《いわやしき》を越え、こぶの先は水平道。再び登りとなり、烏《え》帽子山《ぼしやま》の全景が見える展望台があり、紅葉の時期は見ごたえがある。

左手にコースをはずれると水場があり、ブナが混じる林となる。**烏帽子山への分岐**をすぎるとロープが張られた登りがある。細い尾根となり、サンカンスギも混じり、白山方面の山々や金沢平野を展望できる。

コースが左へカーブする地点の右に景清《かげきよ》の池が水面を見せる。あとはしばらくの登りで、**口三方岳**の山頂だ。三角点があり、白山方面、犀奥《さいおく》の山々、手取《てどり》川がうるおす金沢平野、その向こうに日本海も展望できる。

下山は往路を下る。（元藤映了）

CHECK POINT

1 登山口からはすべりやすい急登がいきなりはじまる

2 大きな岩が点在する岩屋敷付近。背後に白山がせり上がる

3 烏帽子山分岐をすぎるとロープが張られた急坂を登る

4 細い尾根道になり、サンカンスギのそばを登る

5 ササ原の山頂は360度のすばらしい展望が広がる

6 山頂の一角に古い石仏が祀られている

21 高野山・揚原山

神秘の池をいだく、パノラマの山

たかのやま　３７３m
あげはらやま　４８７m

日帰り

歩行時間＝3時間05分
歩行距離＝6・8km

技術度 ▲▲▲▲▲
体力度 ♥♥♥♥♥

コース定数＝**14**	
標高差＝296m	
累積標高差	↗570m　↘570m

↑高野山から揚原山へ続く稜線

←神秘の池、蟹淵

高野山、揚原山ともに登山口は能美《のみ》市鍋谷《なべたに》地区に位置し、林道鍋谷和佐谷《わさたに》線上に登山口がある。揚原山の山腹にある伝説を秘めた蟹《がん》淵《ぶち》はトンボの楽園ともいわれ、池を目当てのハイカーも多い。

鍋谷の家並みが途切れ、鍋谷和佐谷線へ入ると「**高野山登山口**」の標識がある。登りはじめは沢沿いの道で、歩きづらいが、長くはない。沢を離れると杉林の中の急登になる。最初の鉄塔があり、見晴らしがよくなるが、急登はさらに続く。2本目の鉄塔あたりから道は緩やかになり、稜線に出る。

分岐を左折して高野山を目指そう。落葉樹の林を抜けると手取《てどり》川扇状地から日本海まで一望できる**高野山**山頂に着く。一角に3等三角点がある。

■**鉄道・バス**
往路・復路＝最寄りバス停は奥鍋谷バス停で、のみバス（能美市のコミュニティバス）が運行しているが、JR北陸本線小松駅からは乗り換えがあり、登山での利用は難しい。

■**マイカー**
北陸自動車道小松ICから県道54号、297号などで約16キロ。高野山登山口奥に広い待避所があり、駐車できる。

■**登山適期**
4月から5月、特にいっせいに花が咲く4月は見晴らしもよくおすすめ。11月の紅葉もすばらしい。

■**アドバイス**
▽林道の峠まで車で行き、両山を往復してもよい。危険箇所もなく、気軽に森林浴ができる。
▽蟹淵だけを訪れることを目的としても一見の価値はある。天明（1781〜89年）のころ、大干ばつがあり、和気の村人が蟹淵で雨乞いをしたところ、巨蟹が現れ、驚いた村人が鍬で蟹の一足を断つ。蟹が淵の中に姿を消すと同時に、雷鳴とどろき大雨となったという伝説がある。4月の初旬にはタムシバ、ヤブツバキが水面を彩り、6月に入るとルリイトトンボが飛ぶ。

■**問合せ先**
能美市役所☎0761・58・1111、手取タクシー☎0120・51

山頂からは往路を**分岐**まで戻り、コースのメインルートである快適な森林浴の道に入る。標識を右折して木の階段を登りきれば**あずまや**がある。ここからは獅子吼《しし く》の山並みから金沢まで一望できる。

少し下れば**林道の峠**に下りる。東方向に少し行くと白山《はくさん》が見える。「揚原山登山口」の標識を見て登っていくとすぐに広場があり、小松《こまつ》方面の見晴らしがよい。**蟹淵分岐**の標識を見送り、小ピークを越え、トクワカソウの咲く尾根を登り返せば**揚原山**に着く。鳥越《とりごえ》城址から白山、西方向を見れば日本海まで遠望することができる。

帰路は蟹淵への下りとなる。杉の葉が積もった道はわかりづらいので、踏跡を確認しながら、ゆっくりと下ろう。沢沿いの道となり、3回ほど細い沢をまたぐ。すべりやすいので足もとには充分に注意したい。春にはミヤマカタバミの白い花が和ませてくれる。

正面が開けて、コバルトブルーの蟹淵の水面が見えてくる。周囲300メートルの周回コースを半周すると蟹淵入口に出る。ここから荒れた**作業道**を800メートルほど下り、鍋谷和佐谷線と合流、左折するとほどなく**高野山登山口**だ。

（村上秀明）

？・140
■2万5000分ノ1地形図
別宮

CHECK POINT

高野山登山口。杉林の中の細い流れに沿って登っていく

北東側の展望が開けた3等三角点の高野山山頂

高野山分岐からはなだらかな起伏の送電線巡視路を行く

200段ほどの木製の階段を登りきるとあずまやが建っている

あずまやから下ると林道鍋谷和佐谷線の峠に出る

快適な尾根道を進んで、短い急坂を登れば揚原山山頂だ

22

加賀一向一揆興亡の歴史を物語る山城跡散策

虚空蔵山

こくぞうやま　138m

日帰り

歩行時間＝50分
歩行距離＝1.9km

技術度
体力度

コース定数＝4	
標高差＝99m	
累積標高差	↗149m ↘149m

能美市和気町内の県道54号から見た虚空蔵山

この山にはかつて2度落城した特異な歴史をもつ虚空蔵城があった。文明6（1474）年に加賀《かが》守護職を兄弟で争い、城にこもった富樫幸千代が一向宗徒の加勢を得た兄・政親に攻められて落城。その後、門徒を迫害した守護・富樫政親を滅ぼし「百姓のもちたる国」を築いた加賀一向一揆勢の城となった。その後、1580年に織田信長方の武将・佐久間盛政に攻め落とされた――その歴史の舞台となった場所だ。現在は地元の能美《のみ》市が「こくぞう里山公園」として遊歩道や公園案内所などを整備している。二の丸跡を経由して本丸跡のある山頂へ登り、和気《わけ》の池へ下るコースを紹介しよう。

里山《さとやま》公園駐車場を出発。和気小学校右横の児童用遊具のそばにある登山口から大手門の道に入る。杉の植林地の中に、かつて富樫一族、一向一揆や佐久間の軍勢も踏んだであろう苔むした石段が続く。石垣のある大手門跡のあたりで平野部の眺望が開け、そのすぐ上の分岐を右に行くと、周囲に土塁や空堀のある二の丸跡だ。6月には和気小学校の児童が植えたササユリが咲く。空堀の土橋を渡り、植物観察をしながら先へ進むと伐開された**展望地**に出る。

分岐まで引き返して少し登れば、3等三角点やあずまやのある**虚空蔵山**山頂に出る。かつて本丸があった広々とした山頂からは小《こ》松《まつ》方面の平野部や遠く海岸まで見わたすことができ、この山が敵の進軍を察知するのに適した軍事上の要衝であったことがよくわかる。

■**鉄道・バス**
往路・復路＝JR北陸本線小松駅から加賀白山バスいしかわ動物園行きに乗り、終点下車。運行は土・日曜、祝日のみ、1日4往復。

■**マイカー**
北陸自動車道小松ICから県道54号を東進し和気へ。登山口近くに公園の駐車場がある。約11㌔。

■**登山適期**
通年登山可能だが、ヤマツツジやシハイスミレ、イカリソウ、ショウジョウバカマ、シュンランなどが咲く4月、ササユリが咲く5月下旬から6月上旬ごろが最適。

シュンラン

和気小学校児童が植えたササユリ

城跡解説板に書かれた虚空蔵城の歴史を読み、しばし感慨にひたったあとは、本丸虎口《こぐち》の道を下る。小学校への近道である薬師坂の道との分岐で直進し、常基寺《じょうきじ》の道に入る。樹林の中の平坦な道を進み、最後は急な階段状の道を下ると**和気の池**のほとりに出るので、車道をたどり**里山公園駐車場**まで戻る。（山口光男）

山頂からの平野部と日本海の見晴らし

CHECK POINT

1 和気小学校横の児童用遊具のそばに登山口がある。

2 虚空蔵山の主要な城郭跡のひとつ、石垣が残る大手門跡

3 山頂の本丸跡。三角点とあずまやがある

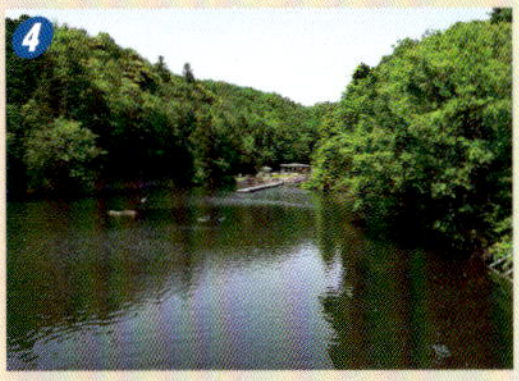
4 和気の池。向こう側にフィールドアスレチック場がある

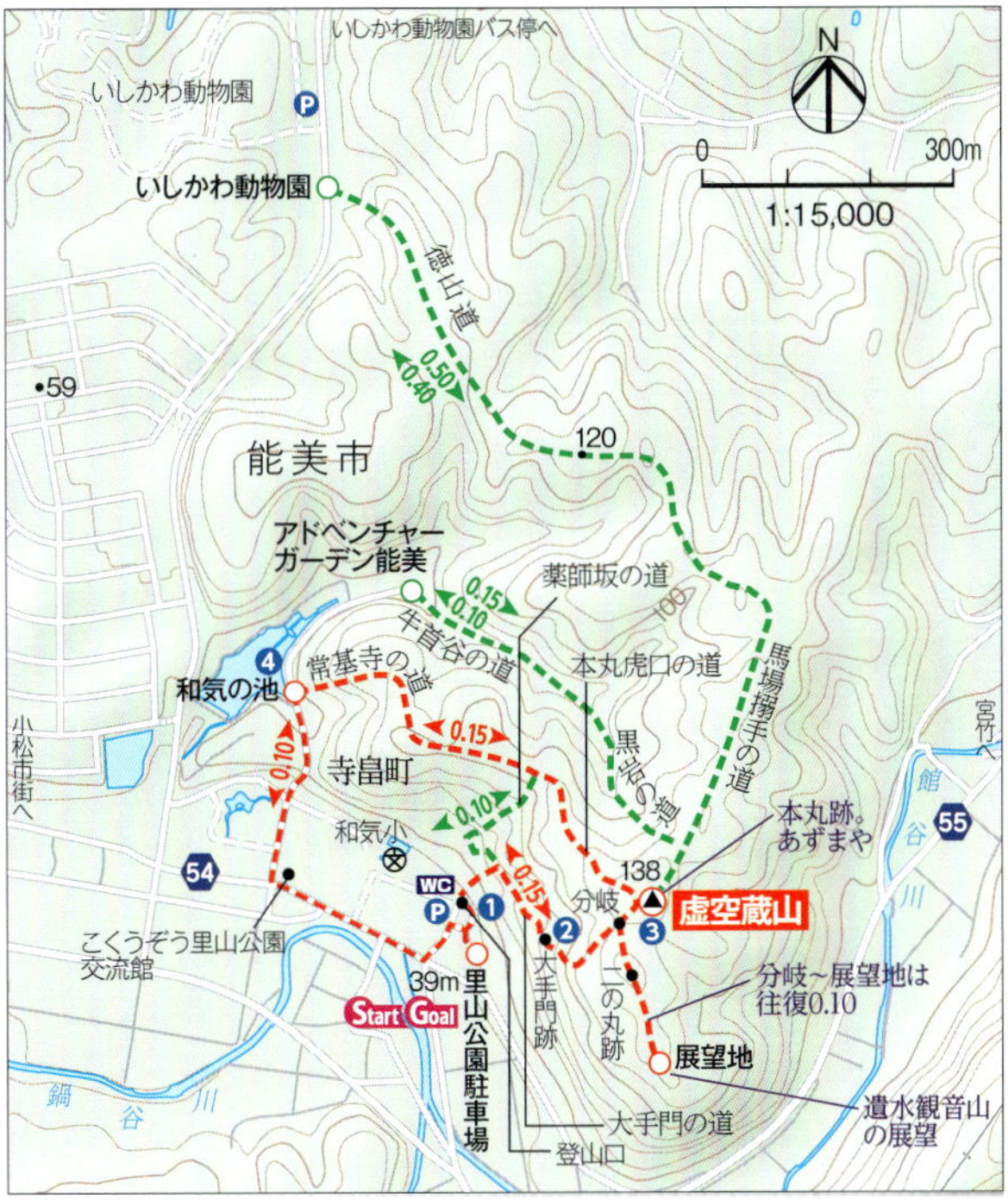

■アドバイス
▽山頂から北にのびる馬場搦手の道は、動物園の裏に登山口がある徳山道につながる。この道を少し進むと左手に牛首谷の道に下る黒岩の道との分岐がある。
▽黒岩の道の下り口にある黒岩には落城時に金の茶釜を埋めたという伝説がある。
▽公園内にはバーベキュー施設を備え、フィールドアスレチックを体験できるアドベンチャーガーデン能美がある。また和気の池ではヘラブナ釣りが楽しめる。
▽周辺にはいしかわ動物園、辰口丘陵公園や辰口温泉がある。

■問合せ先
こくぞう里山公園交流館☎0761・51・2308、加賀白山バス☎076・272・1893

■2万5000分ノ1地形図
粟生

23

手取川扇状地の眺望を楽しみ、白山信仰の霊地を訪れる

遣水観音山

やりみずかんのんやま 402m

日帰り

歩行時間＝2時間30分
歩行距離＝5・6km

技術度

体力度

コース定数＝11

標高差＝325m

累積標高差 ↗432m ↘432m

軽海地区から見る遣水観音山

かつて「観音山」の由来となる観音堂が中腹にあり、修行が行われていた。その灯りは日本海を航行する北前船や漁船にも届き、航行の目印とされていたという。現在は焼失したが、建物だけが再建されている。近年はコース中の林道脇にある仏大寺《ぶつだいじ》霊水の人気が高まり、霊水を汲むため多くの車がつめかけている。整備されたつくばね新道をたどる周回コースを紹介しよう。

能美《のみ》市の**仏大寺集会所**前から車道を進む。しばらくで標識にしたがって左折、砂利道にかかる橋を渡って道なりに進むと、左手に登山口の標識がある。杉の植林地をひと登りで尾根に出る。あとは桧の植林地などのアップダウンの連続となる。

松の生える尾根からは、谷の向こうに山頂部を望める場所がある。さらにアップダウンを繰り返し、尾根が南へ方向を変える地点に、点名が「**九社谷**」の4等三角点がある。

さらに高度を上げていくと金沢方面が展望できる場所がある。やや急な登りになったところで、送電線鉄塔への道に合流する。右に進めば山頂だが、左方向へ行けば**鉄塔**があり、この地点からは白山も展望できる。

遣水観音山山頂には道の真ん中に縁が欠けた痛々しい2等三角点とりっぱな展望台があり、眼下に小松から金沢までの手取《てどり》川扇状地を一望し、その向こうに日本海も広がる。

仏大寺霊水を目指して下山することになるが、尾根のアップダウンから右方向へ折れると急な下りとなる。一段落すると、近くに石仏が残る観音堂跡に出る。観音堂風の建物が再建され、休憩舎となっている。

さらに急な階段を下ると林道に下り立つ。ここに**仏大寺霊水**があり、観音堂も建っている。線香の匂いが流れ、霊水汲みの車に気をつけながら**仏大寺集会所**へ戻る。

（元藤映了）

■鉄道・バス
往路・復路＝のみバス（能美市コミュニティバス）仏大寺バス停があるが、最寄り駅のJR北陸本線小松駅からは乗り換えとなり、登山での利用は難しい。マイカーか小松駅からタクシーを利用する。

■マイカー
北陸自動車道小松ICから県道54号、55号などで仏大寺集会所へ。約13・5キロ。

■登山適期
積雪期以外は登山可能だが、低山なので真夏の暑さのときは避けたい。ギフチョウに出会うことができ、タムシバが咲く春、ナツツバキの咲く7月もよい。紅葉の秋もおすすめのシーズンだ。

CHECK POINT

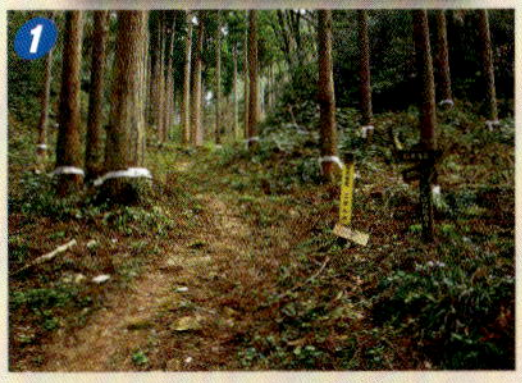

林道左手のつくばね新道登山口から杉林の登山道を登る

点名「九社谷」の4等三角点。ここから南に進む

遣水観音山山頂。展望台からは小松平野や手取川扇状地が見える

急坂を下って観音堂跡へ。建物は休憩舎なので休んでいくとよい

トキワイカリソウ

春の妖精ギフチョウ

■アドバイス

▽仏大寺霊水を汲みにくる車が多く、仏大寺地区と霊水間の林道を歩く際は注意が必要。

仏大寺の霊水と観音様

▽観音堂に祀られていた観音像は、白山を開山した泰澄大師作と伝えられている。堂とともに焼失した。

▽仏大寺地区の産土神である八幡神社には、向かって右側の狛犬が逆立ちをしている。全国的には珍しいが、石川県内には金沢市を中心に110社あまりに奉納されており、「金沢逆立狛犬」とよぶ愛好者もいる。

▽日本のトキは絶滅したが、中国からきた国際保護鳥トキがいしかわ動物園で飼育されている。

▽開湯以来400年の歴史を誇る辰口温泉は、泉鏡花ゆかりの温泉で、温泉広場には文学碑がある。辰口温泉総湯（里山の湯）で入浴できる。

■問合せ先

能美市役所☎0761・58・1111、手取タクシー☎0120・512・140

■2万5000分ノ1地形図

別宮

谷の奥に銅山の鉱滓を捨ててできた砂山を見る

24

遊泉寺砂山

ゆうせんじすなやま
165m

山全体が銅山跡で、狭い谷あいに多数の遺構が見られる

日帰り

歩行時間＝2時間15分
歩行距離＝6・2km

技術度
体力度

コース定数＝8
標高差＝147m
累積標高差 242m 242m

小松《こまつ》市鵜川《うかわ》遊泉寺地区奥《おく》の谷《たに》沿いに遊泉寺銅山の遺構がある。文化4（1807）年に操業、のちに小松鉄工所が創設され、建設・鉱山機械メーカーであるコマツ発祥の原点とされている。銅山は盛衰を繰り返し、大正9（1920）年に閉山した。最盛期には社員1600人とその家族などを含め、5000人が暮らし、病院や小学校、床屋や、社員のためのビリヤード場まであったという。現在は遊泉寺銅山跡記念公園として整備され、一周1・5キロ、1時間前後の遊歩道が整備されている。地域の歴史に触れながら、軽いハイキングを楽しむことができるコースとなっている。

巨大な仏頭が出迎える**ハニベ前バス停**でバスを降り、仏《ぶつ》大寺《だいじ》川沿いに上流を目指す。川が左へ曲がるあたりに橋がかかり、これを渡ってバイパスへ出る。右手に案内板があり、水田の中の農道をたどる。

やがて**遊泉寺銅山跡記念公園**に着く。近年、「遊泉寺銅山ものがたりパーク」としての整備が進み、従来からあった高炉を模したトイレや案内板などのほかに「里山みらい館」が設置され、桜の植樹や駐車場も拡充された。ここから林道を上流に向けて進むと、杉林の中に当時の面影を残す建物の敷地を造成した石垣、銅鉱質の分析に使用した真吹炉《まぶきろ》を見る。

標識にしたがって右手の林道へ入る。右手に煙突山、精錬の大煙突と煙道窓、谷の奥には鍛冶屋の炉がある。深さ150メートルもあった立坑の入口は安全のためコンクリートで固められている。

コースは狭い山道となり、ベン

■鉄道・バス
往路・復路＝JR北陸本線小松駅から北鉄加賀バスに乗り、ハニベ前バス停下車。所要24分。

■マイカー
北陸自動車道小松ICから県道55号、国道360号、県道25号などを走り、遊泉寺銅山記念公園へ。約12・5キロ。

■登山適期
春から秋まで、いずれのシーズンでも登山可能。

■アドバイス
▽遊泉寺銅山跡記念公園には赤いアーチ橋、「沈黙の小道」、「哲人の杜」などをめぐる遊歩道が整備されていて、林床はシャガの大群落で覆われ、開花時期はみごとである。

▽ハニベ巌窟院は洞窟内に地獄絵巻が展開するのが人気。観光客でにぎわっている。

ハニべ岩窟院の巨大仏頭

▽入浴は国道360号沿いにピュア涌泉寺がある。

■問合せ先
小松市エコロジー推進課☎0761・24・8067、北鉄加賀バス☎0761・22・3721

■2万5000分ノ1地形図
別宮

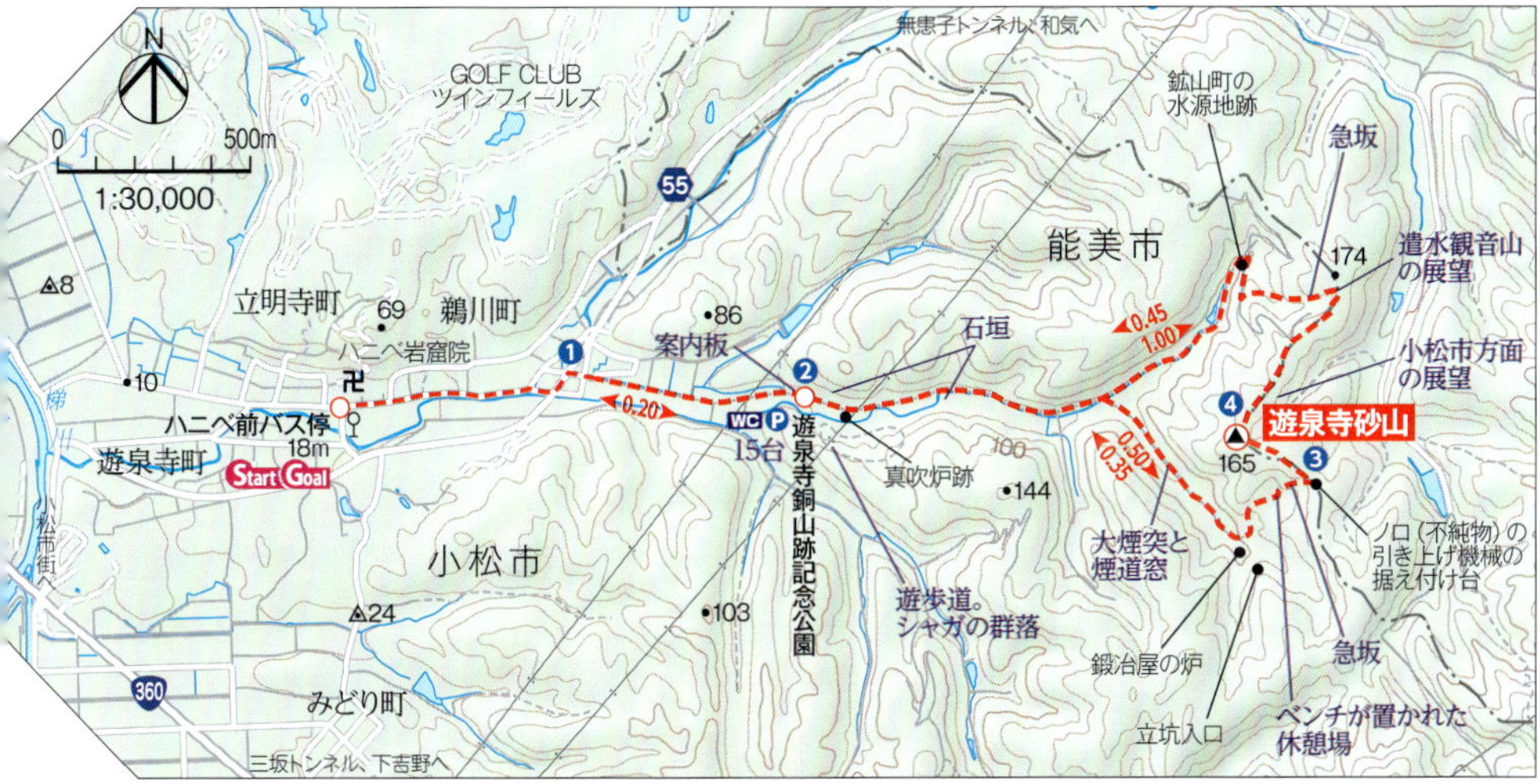

CHECK POINT

県道バイパス脇の標識から農道を東進する

遊泉寺銅山跡記念公園。駐車場やトイレもある

銅山の遺構を見たあとは緩やかな尾根道に出る

小松市街を見下ろす展望台の先が砂山山頂

チが置かれた休憩場をすぎ、つま先登りで尾根に出ると、赤レンガづくりのノロを引き上げる機械の据え付け台が残っている。道は尾根伝いとなり、小さなアップダウンの先の展望台からは小松市街地が展望できる。鉱滓を捨ててできた砂山の標識の先が最高地点である**遊泉寺砂山**だ。

下山は、さらに先に進み、谷向いの遣水観音山《やりみずかんのんやま》を展望できる場所から左に折れる。急坂を下りきると鉱山街の水源地だった堤に出る。林道をたどって往路を戻ることになる。

（元藤映子）

鉱山跡の遺構

銅の鉱質を分析した銅山の真吹炉

精錬所跡の煙突山に残る煙突

谷奥に残る鍛冶屋の炉跡

赤レンガ造りの巻き上げ装置跡

25 歴史を感じながら、静かな山歩きを楽しむ

岩倉観音山

いわくらかんのんやま
296m

日帰り

歩行時間＝1時間45分
歩行距離＝3・1km

技術度
体力度

コース定数 ＝7	
標高差 ＝229m	
累積標高差	↗285m ↘285m

山間部に入った小松《こまつ》市上麦口《かみむぎぐち》町にある山で、山名は花山法皇ゆかりの観音像を祀っていることに由来する。戦国時代、加賀一向一揆勢の山城があったが、天正8（1576）年、鳥越《とりごえ》城が落城するとともに出城としての役割を終える。城の遺構がほぼ完全な形で残されていることで知られている。

遣水観音山から見た岩倉観音山

上麦口バス停そばの駐車場に車を停めて国道を横切り、民家の横を下っていく。滓上《かすかみ》川にかかる橋を渡り、左折すると**登山口**だ。谷川に沿った植林用の作業道を登ると、左手に大きな岩があり、おうめ地蔵が安置されている。周囲の杉林は、枝打ちされていて明るい。急カーブした場所から作業道を離れ、左の坂を登ると、広い谷状の地形に出る。**さむらい道への分岐**となるが、直進して尾根に出ると広葉樹の林が広がり、春先にはギフチョウが飛ぶ。

正面に岩倉城址の盛り上がりが近づいてくると、平坦なコナラ林の**米左衛門屋敷跡**《よねざえもん》に着く。春にはマキノスミレが咲き、花を見ながらひと息入れたいところだ。ここからすぐに観音堂への分岐で右折する。岩倉清水が流れ、そばに地蔵が祀られている。

緩やかな道を登ると白山《はくさん》と笈ヶ《おいずる》岳《たけ》が見えるポイントがあり、杉の大木に囲まれた岩倉観音堂に着く。鍵はかかっていないので、いつでも八手観音像を拝観することができる。

観音堂から左の坂を登ると、すぐに東門跡から岩倉城址の広場に着く。ここが**岩倉観音山**山頂だ。よく整備され、詳しい案内板が設置されている。東方向にのろしをあげた火燈山《ひともしやま》が近く、山城のおもかげを明瞭に残している。

下山は、大手門跡から堀切道を下ると**米左衛門屋敷跡**に戻る。来た道を下って**さむらい道の分岐**を左折すると、杉林から広い雑木林

■鉄道・バス
往路・復路＝JR北陸本線小松駅から北鉄加賀バスが上麦口バス停まで運行しているが、本数が少なく、マイカーかタクシーを利用する登山者が多い。バスは所要約26分。

■マイカー
北陸自動車道小松ICから県道54号、国道8号、360号で上麦口バス停へ。約24㌔。バス停そばに5台ほど停められる駐車場がある。

■登山適期
花が咲きはじめて見晴らしがきく3月末から4月、あるいは11月の紅葉、落ち葉を踏みながらの初冬のハイキングもおすすめ。雪がある時は迷いやすいので不適。

■アドバイス
▽上麦口バス停には岩倉城址の案内

注：2023年4月現在、イノシシやシカの獣害対策と崖崩れなどから登山口へ通じる林道が封鎖されている。迂回路もないため、現状は登山できない状況になっている。

の道になる。ふかふかの落葉が気持ちがよい。再び杉林が近づき、10段ほどの階段を下りると作業道に出る。右折して登りに使った作業道と合流、左折すると**登山口**は近い。

（村上秀明）

CHECK POINT

1 案内板前の駐車場から国道を渡って登山口に向かう

2 広い植林地に立つさむらい道への分岐

3 岩倉城主・米左衛門屋敷跡。すぐ先の分岐で右に入る

4 左に岩倉城址への道を見送って、右に観音堂方向へ

5 杉の大木がみごとな岩倉観音堂から左の坂道を登る

6 岩倉城址の広場が岩倉山山頂。詳しい案内板もある

板もあり、登山口まで10分。途中にイノシシ防護ネットがあるが、通行できる。

▽岩倉清水は城の用水として使用されていた。おうめが清水を観音にお供えして願をこめ、病人に飲ませて治癒させた。おうめ地蔵は、そのおうめを祀ったものと伝えられている。

おうめ地蔵

清水観音。右手に岩倉清水が流れる

▽隣町の原町は、平清盛に寵愛された仏御前の誕生の地。屋敷跡や火葬場跡が保存され、乾漆座像が原町の民家に安置されている。

■問合せ先

小松市役所エコロジー推進課☎0761・24・8067、小松タクシー☎0761・22・0888、北鉄加賀バス☎0761・22・3721

■2万5000分ノ1地形図

別宮

26

白山のパノラマが広がる送電線巡視路を行く

大岳山

おおだけやま
495m

日帰り

歩行時間＝4時間20分
歩行距離＝11・2km

技術度
体力度

コース定数＝17
標高差＝312m
累積標高差 516m 516m

山頂直下に建つ鉄塔から白山方面を展望する

登山者には親しみの薄い山だが、黒いプラスチック製の階段が随所に設置され、よく整備された歩きやすい送電線の巡視路が通じていて、送電線鉄塔をめぐるコースである。雑木林の尾根上は白山《はくさん》の展望に恵まれ、歩きやすくて快適なハイキングが楽しめる。

白山市出合《であい》地区にある**道の駅「一向一揆の里」**から県道167号をたどり、光谷《みつたに》隧道手前が**登山口**だ。小さな沢をまたいですぐに急登がはじまり、しばらくで峠の光谷越《みつたにごえ》に出る。ここから尾根上のアップダウンを繰り返して進んでいく。

左に送電線巡視路を分け、さらに緩やかな登りが続く。途中右手前に山頂部を望むことができる。急登になったところで、赤白の大きな鉄塔が建つ開けた敷地に飛び出る。ここからの眺望がコース中いちばんで、白山や、白山北部の笈《おいずる》ケ岳《たけ》、大笠山《おおがさやま》などの雄大なパノラマが広がり、懐の深い山々の重なりを実感できる。

さらにひと登りで**大岳山**山頂に登り着く。右手のやぶの中に2等三角点があるが、展望はきかない。

杉林を抜けた先の鉄塔から見る大岳山

■**鉄道・バス**
往路＝出合地区へは、北陸鉄道鶴来駅で加賀白山バスの瀬女行きで上野バス停下車。白山市コミュニティバス阿手行きに乗り換えて神子清水バス停で下車する。復路＝神子清水バス停から白山市コミュニティバスで上野バス停下車、加賀白山バスに乗り換えて鶴来駅へ戻る。運行本数が少ないので時間を確認して行動すること。なお、白山市コミュニティバスは平日のみの運行であり、それ以外の日は釜清水から歩くことになる。

■**マイカー**
北陸自動車道小松ICから県道54号、国道8号、360号などで道の駅「一向一揆の里」へ。約20㌔。

■**登山適期**
4月から11月までが登山シーズン。花が登山道を彩る春と紅葉の秋がベスト・シーズン。

■**アドバイス**
▽出合には一向一揆歴史館や農村文化伝承館があり、道の駅「一向一揆の里」として整備されている。食彩館せせらぎでは地元産の季節の野菜や山菜などが販売されている。

道の駅「一向一揆の里」

▽戦国時代に一向一揆勢の鳥越城の支城である二曲城跡があ

下山は、ジグザグの急な下りから、鉄塔の建つ鞍部に下り立つ。あとは緩やかで広い気持ちのよい尾根歩きが続く。雑木林に混じって杉の植林地も現れ、足もとを気にせず、ゆったりと歩ける。木の間越しに小松《こまつ》平野を展望できる場所もある。

やがてT字の分岐に出合う。直進すると鉄塔で行き止まりなので、右へ直角に折れる。さらに道なりに直角に左折すると、主尾根を離れ、プラスチック製の階段を下っていく。小さなこぶを越え、さらに下ると鉄塔があり、尾根を回りこむようにして急な小尾根を下りきると**登山口**の舗装道路に出る。あとは相滝町を経て、**道の駅「一向一揆の里」**へ戻る。（元藤映了）

り、遊歩道も整備されている。山頂からは大日川や鳥越城跡などを展望できる。

▽堂川上流、五十谷地区の八幡神社境内には、樹齢1200年と推定される杉の大木があり、県の天然記念物に指定されている。諸国行脚の弘法大師がこの地に来たときにもっていた杖が根づいたという伝説がある。

▽柳原の山手に鎮座する八幡神社は、泰澄大師が白山開山のときにつくった仏像を安置したのがはじまりと伝えられている。

■問合せ先
白山市役所鳥越市民サービスセンター☎076・254・2011、北陸鉄道テレホンサービスセンター☎076・237・5115、加賀白山バス☎076・272・1893、白山市コミュニティバス☎076・274・9548

■2万5000分ノ1地形図
別宮・尾小屋

CHECK POINT

1 光谷隧道手前の登山口

2 山頂直下、急坂の先の広場に建つ加賀幹線送電線の鉄塔

3 大岳山山頂。三角点の周囲が刈り払われているが展望はない

4 快適な尾根歩き

5 尾根道を直角に折れて、柳原側の急な斜面を下っていく

6 プラスチックの急階段を下って、県道44号の柳原登山口に下り立つ

27 鉱毒による荒廃から復興したかつての銅鉱山で眺望と花を楽しむ

大倉岳

おおくらだけ
651m

日帰り

歩行時間＝3時間25分
歩行距離＝7・7㎞

技術度
体力度

コース定数	＝**15**
標高差	＝456m
累積標高差	↗ 628m ↘ 628m

仏峠からの尾根道から、クマザサの向こうに大倉岳を望む

白山《はくさん》市と小松《こまつ》市の境に位置し、登山口の尾小屋《おごや》町は、かつて銅鉱山の町として栄えていた。山は銅精錬の鉱毒により荒廃したが、現在は水源涵養機能の高い緑地として、登山、スキー、眺望が楽しめる魅力的な山として復元されている。

尾小屋鉱山資料館を起点・終点とする周回コースを歩いてみよう。**登山口**は「ポッポ汽車展示館」前にあり、しばらく直登するとジグザグに折れる階段道の登りとなる。コンクリート舗装路の傍らの**十一面観音**の前に出てから、長い階段を登り、作事峰《さくじみね》展望コースの**分岐**をすぎていったん下る。さらに進むと、木漏れ日があたり、水が流れる気持ちよい広場に出る。

緩やかな階段の登りとなり、ミズナラやコナラ林の尾根道を進むと、ミズバショウ群生地との分岐に出る。しかし、群生地はイノシシの食害により壊滅状態にある。

分岐をあとに快適な尾根歩きを続けよう。小さなアップダウンをして階段を登りきると、白山権現の舞台となった**仏峠**《ほとけ》に出る。ナツツバキなどの木々が生い茂っていて白山を望むことはできない。

ここからいっきに下り、登り返すとようやく眺望が開け、右手に小松ドーム、小松市街地、左手にクマザサの間から大倉岳の山頂が見える。旧鳥越《とりごえ》高原大日《だいにち》スキー場を左手に見て、急峻な階段を登り終えると**大倉岳**山頂に着く。広い山頂には3等三角点、電波反射板、あずまやがある。眺望はすばらしく、白山や笈《おいずる》ヶ岳《たけ》、大笠山《おおがさやま》など近隣の山々が一望できる。

下山は大倉岳高原スキー場を目指す。頂上直下の避難小屋左横を抜け、雑木林の急な階段や緩やかな尾根道を下ると、スキー場ゲレ

晴れた日は白山近隣の山々が一望できる

■**鉄道・バス**
往路・復路＝JR北陸本線小松駅から北鉄加賀バスの路線バスがあるが、終点から登山口までは約2時間ほど歩くことになるため、マイカーかタクシーの利用がおすすめ。

■**マイカー**
北陸自動車道小松ICから県道101号、国道360号、416号などで約21・5㌔。登山口の先に駐車場がある。

■**登山適期**

CHECK POINT

ポッポ汽車展示館からの登山口。資料館横からよりも歩きやすい

双方の登山口からの合流地点に立つ十一面観音

白山権現の伝説の舞台である仏峠は眺望が悪い

広々とした大倉岳山頂。一角にあずまやも建っている

ンデのウェーデルンコース付近に出る。ここが**下り口**だ。

ロッジを目標にしてゲレンデを下りていくが、夏場は膝丈の草の中を歩くことになる。春や秋は草丈が低いため歩きやすい。ゲレンデではパラグライダーを楽しむ姿も見られ、秋にはコスモスのお花畑が広がる。**スキー場ロッジ**から舗装道路を駐車場を経て**登山口**まで戻る。　（東　京子）

コスモス祭りのころのゲレンデは整備されて下りやすい。イノシシの糞に注意

3月下旬から11月まで登山可能。ナツバキの花が咲く初夏もおすすめ。秋の紅葉もよい。

■アドバイス

▽9月の週末には、毎年大倉岳高原（コスモス）まつりのイベントがある。

▽登山口にある尾小屋鉱山資料館＆尾小屋マインロード（☎0761・67・1122）は、天和2（1682）年の採掘記録から閉山となる昭和46（1971）年までの銅鉱山としての歴史が展示されている。旧坑道内には原寸のジオラマで作業風景が再現されている。

▽登山口前のポッポ汽車展示館には尾小屋鉄道で活躍していた蒸気機関車、気動車、客車の3両を保管。オープンスペースで随時見学できる。

▽仏峠には、「千年以上も前のこと、尾小屋の住民が旅に疲れた女人を数晩泊めた。疲れがいえたのち、仏峠まで見送ると、お礼に十一面観音像と櫛、笄を残し、白いキジに変化して飛び去った。このキジは白山権現の化身であった」という伝説が残っている。

■問合せ先

小松市役所エコロジー推進課☎0761・24・8067、北鉄加賀バス☎0761・22・3721

■2万5000分ノ1地形図

尾小屋

28 粟津岳山

あわづだけやま
164m

粟津温泉の裏山で、小松市街地の展望台

日帰り

歩行時間＝1時間50分
歩行距離＝4・6㎞

技術度 体力度

コース定数＝7	
標高差＝155m	
累積標高差	↗229m ↘229m

←粟津岳山山頂から日本海方向を展望する

←大堤の奥に粟津岳山山頂を見る

泰澄大師が養老2（718）年に開湯した粟津《あわづ》温泉の裏山で、標高は低いものの、山頂からは小松《こまつ》平野を俯瞰することができ、その向こうに日本海が広がる。小松空港を発着する飛行機の爆音も聞こえ、滑走路に吸いこまれるように着陸する機体も見ることができる。積雪期以外は季節を問わず気軽に登れる山である。

粟津温泉バス停から温泉街を縫って大王寺《だいおうじ》の階段を登り、左折する。右手にある泰澄大師座像の前から白山《はくさん》神社の鳥居をくぐり、石段の参道を上がって拝殿脇から上へ続く道を進み、瞑想の道コースに入る。

最初に目につくのは屋根が赤くさびた相撲場と、コース沿いにずらりと並ぶ観音像だ。左折して少し登ると展望が開け、小松市街地が見わたせる小公園に着く。ここにも**泰澄大師像**があるが、かなり若いころの姿で、はるか日本

■**鉄道・バス**
往路・復路＝JR北陸本線小松駅から北鉄加賀バスに乗り、粟津温泉バス停下車。所要30分前後。同じバスで粟津駅からは所要10分。

■**マイカー**
北陸自動車道片山津ICから県道20号。107号、145号、107号、11号などで約12・5㌔。バス停周辺に有料の駐車場がある。おっしょべ公園の駐車場（無料）も利用できる。

■**登山適期**
春から秋までいずれのシーズンでも登山可能。特に秋の紅葉は美しい。

■**アドバイス**
▽粟津には泰澄大師の銅像が3体あり、表情を見比べるのも楽しい。JR粟津駅から来て、温泉街に入る手

温泉のランドマーク泰澄大師像

晩年の泰澄大師座像像

少年の面影をした泰澄大師像

海に向かって立っている。

　ここから山登りがはじまる。といっても軽トラックが通れそうな緩やかさで、尾根伝いに広い道が続く。4本の送電線が頭上を横切るが、2本目の送電線の鉄塔がコース上にあり、ここから西方向へ続く送電線に沿って伐開された先のやぶの中に3等三角点がある。

　コースに戻り、小さなアップダウンののち、最後の階段状の急登を登りきるとコースは右方向に折れ、まもなく**粟津岳山**山頂だ。一角にあずまやが建っていて、小松市街地や日本海を眺める絶好の地である。

　下山は谷沿いに溜め池を見て**林道**経由で**粟津温泉**街に戻る。尾根コースの途中から林道へ下るなど、コースを選べる。

（元藤映了）

CHECK POINT

粟津温泉守護寺の大王寺の階段を登り、境内を通って白山神社へ

泰澄大師の座像前から鳥居をくぐり、白山神社拝殿脇を奥に進む

振り向くと展望が開けてくる

粟津岳山山頂のあずまやからは小松市街や日本海がみごと

前、高い台座の上に乗っている。表情は空を背景にしてなので判然としない。温泉街の大王寺と白山神社の間にあるのは、かなり年配のお顔をしており、精力的な布教活動中のものと思える。3体目は瞑想の道のはずれ、あずまやのある公園にある。こちらは若々しい顔立ちで、これから修行に向かうような面持ちだ。
▽大王寺は、粟津温泉を守護する薬師瑠璃光如来を本尊とする密教寺院で、1300年の歴史を刻んでいる。
▽白山神社は、養老2年に泰澄大師が白山修験場を開創し、霊夢により粟津温泉を発見した。その際、白山妙理権現（菊理媛命）の分霊を勧請して白山神社となった。源平合戦の際に社殿、社宝などが焼失し一時衰退したが、のちに再興。正保元（1644）年に加賀藩3代藩主・前田利常が参拝している。
▽粟津おっしょべ公園は恋人の聖地。400年前の恋物語にちなんで、愛の鐘や縁結び絵馬掛け、愛をつなぐ南京錠掛けなどがある。
▽粟津温泉街のほぼ中心に総湯があり、近くに足湯もある。

■問合せ先
小松市エコロジー推進課☎0761・24・8067、北鉄加賀バス☎0761・22・3721

■2万5000分ノ1地形図
動橋

29

小松市の2つの森の遊歩道を歩く

茶臼山・清水山

ちゃうすやま　90m
きよみずやま　63m

日帰り

歩行時間＝2時間20分
歩行距離＝5.3km

技術度

体力度

コース定数＝9
標高差＝79m
累積標高差　↗296m　↘296m

↑清水山山頂から白山を展望

小松《こまつ》市吉竹《よしたけ》町から東山《ひがしやま》にかけて、よく整備された憩《いこい》の森と絆《きずな》の森にある遊歩道をめぐるコースだ。いずれも標高100㍍以下の丘陵地で、市民の散歩やジョギングコース、サイクリングコースとして親しまれている。1等三角点のある清水山からは白山《はくさん》方面の展望が開け、中腹からは小松市街地、遠く日本海まで一望できる。

←吉竹駐車場上から小松市街を展望

憩いの森総合案内所が起点となる。駐車場脇の舗装された管理道路を進むと芝生に囲まれた屋外ステージ、白山麓から移築した中村家（国指定重要有形民俗文化財）、米谷家、炭焼小屋、植樹園をめぐり、吉竹堤《よしたけつつみ》にかかる鏡《かがみ》見橋を渡る。続いて少し上がってサイクリングロードに入り、国道8

■**鉄道・バス**

往路・復路＝JR北陸本線小松駅から北鉄加賀バス大杉線で千木野団地バス停下車。総合案内所までは500㍍。市内循環バスを利用した場合は八幡温泉バス停で下車、700㍍歩いて若杉堤からスタートする。

■**マイカー**

北陸自動車道小松ICからは約9㌔の距離。総合案内所横または若杉駐車場が利用できる。

■**登山適期**

春から秋までいずれのシーズンでも可能。秋には堤の水が減り、岸辺に野鳥の群が飛来、絶好のバードウオッチングスポットとなる。

晩秋には渡り鳥の憩いの場となる若杉提

■**アドバイス**

▽遊歩道は紹介したコース以外にも整備されており、総合案内所で配布しているパンフレットを見ながらバリエーションルートを選択してもよい。

▽絆の森遊歩道は東山町にあるマウンテンバイク場まで整備されており、そちらからも入れる。

号の下をくぐって、平成27年に開催された植樹祭にともない整備された絆の森へ向かう。幅2メートル、1・6キロほどの遊歩道が整備されている。**絆の森入口**から入ると、はじめは急な階段登りだが、あとは雑木林の尾根伝いに小さなアップダウンののち、階段状の登りを経て**茶臼山**山頂に到達する。山頂は雑木林の中で展望はきかないが、ベンチやあずまやが設置されていて、４等三角点がある。あずまや付近から小松方面が展望できる。

　来た道を戻り、サイクリングロードから遊歩道に入り、若杉堤《わかすぎつつみ》にかかる清水橋を渡って、清水山を目指す。ジグザグ登りから桧の植林地まで来ると山頂はすぐそこだ。**清水山**山頂の真ん中に存在感のある1等三角点のほか、ベンチや三角点に関する説明板もあり、白山方面の展望がきく。

　反対側から下ると左手に薬師堂があり、すぐ下に舗装道路が見える。住宅地の中を若杉駐車場まで行き、階段を上がると**展望地**で、小松市街地を一望できる。

　下山は先に渡った清水橋のたもとから若杉堤の上を進み、芝生で覆われたわんぱく広場の裾を回って**総合案内所**へ戻る。

（元藤映了）

CHECK POINT

起点の総合案内所で園内地図を確認して出発しよう

絆の森コース入口から茶臼山への道に入る

山頂手前のあずまや。木の間越しに小松市街を展望する

茶臼山山頂。中央奥に４等三角点の標石がある

清水橋を渡って、憩いの森へ入り、清水山を目指す

１等三角点の清水山山頂。白山方面の展望がすばらしい

■問合せ先
小松市エコロジー推進課☎0761・24・8067、北鉄加賀バス☎0761・22・3721、小松市コミュニティバス☎0761・24・8397（はつらく協働課）

■2万5000分ノ1地形図
小松

30 おくりび山

古くから里人に親しまれた低山で散策を楽しむ

おくりびやま
164m

日帰り

歩行時間＝1時間25分
歩行距離＝3・1km

技術度 ★☆☆☆☆
体力度 ★☆☆☆☆

コース定数＝7	
標高差＝111m	
累積標高差	↗294m ↘294m

せせらぎの郷付近から見るおくりび山

おくりび山山頂への途中からは白山がよく見える

小松《こまつ》市街地の東南、大杉《おおすぎ》谷入口の瀬領《せりょう》町にある健康保養施設「せせらぎの郷」の前にある。山名の由来は、お盆に精霊火をたく風習が大正の中ごろまであったことによる。標高が低く、ファミリーでも楽しめる優しいハイキングコースが歩かれている。

せせらぎの郷から山に向かって右に進むと、葛葉谷《くずはたん》コース・宮《みや》乃谷《んたん》コースの**登山口**があり、おくりび山コース案内図が設置されている。

右側の葛葉谷コースを進むとすぐ葛葉谷登り口の標識を左に見る。階段を戻るように登りはじめると、ロープのある急登となる。左、右に曲がり、ゴロゴロした大きな岩を踏

■**鉄道・バス**
往路・復路＝JR北陸本線小松駅から北鉄加賀バス大杉線に乗り、せせらぎの郷バス停で下車する。ただし、本数は少ないので、小松駅からタクシーを利用するか、マイカーで。

北鉄加賀バス「せせらぎの郷」バス停

■**マイカー**
北陸自動車道小松ICから県道25号、22号、国道416号、県道161号などでせせらぎの郷へ。約15㌔。

■**登山適期**
標高の低い里山なので、積雪がなければいつでも登れる。ただし秋は草が茂っていて道がわかりづらい。春は花が多いので、4月がベスト・シーズンといえる。

■**アドバイス**
▽登山口のせせらぎの郷は平成29年にリニューアルした里山健康学校。食による健康や、温泉入浴・運動による健康増進を体験できる。バーベキューや人工芝グラウンドなど屋外施設もあり、入浴もできる。

■**問合せ先**
小松市エコロジー推進課☎0761・24・8067、北鉄加賀バス☎0

み越えて高度を上げていくと、なだらかな尾根となる。春には多くの花が咲き、ギフチョウも見られる。

尾根を通過し、右方向に下って登り返すと、木製のベンチがある**おくりび山**山頂に着く。送電線の向こうに白山《はくさん》が見える。

山頂からしばらく下っていくと、右側のロープの向こうに鉄塔が見える。緩い尾根を進み、ロープのある急な階段を下った鞍部に、**宮乃谷新コースからの分岐**がある。ここからはロープのある階段を登り、緩やかな尾根を進む。しばらく行くと小高い尾根に着く。すぐに**宮乃谷コースからの合流点**で、おくりび山展望台の標識がある。

この先、登り下りを繰り返して進むと開けた尾根に出て、緩い坂道を進むと、第二展望台との分岐に着く。直進するとすぐに木のベンチがある**第一展望台**だ。町内の一部や南東側に送電線に重なって白山や小松市街が見える。

第一展望台からは往路を引き返し、すぐの分岐を左に曲がる。下っていくと左手に木《き》屋《や》尻口《じりぐち》標識の分岐点がある。直進すれば**第二展望台**だ。瀬領町内が見わたせる。

ここでいったん木屋尻口と宮乃谷口標識の分岐点まで戻り、ロープのある急な階段を下りきり、緩やかな道を行くと**木屋尻口登山口**に着く。あとは人工芝グラウンド沿いの舗装した道を**せせらぎの郷**へ戻る。

（島野眞人）

■2万5000分ノ1地形図
動橋

761・22・3721

CHECK POINT

葛葉谷登り口。階段の道を行くと、ロープのある急坂になる

なだらかな尾根となって、いったん少し下り、登り返すと葛葉谷展望台のおくりび山山頂だ

緩い尾根道から急階段を下ると宮乃谷新コースとの分岐点

ロープのある階段から緩い尾根を行くと宮乃谷コース合流点

のびやかな尾根道の先にある、おくりび山第一展望台

木屋尻口標識の先にある第二展望台からは瀬領町が見わたせる

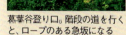

31

ロックガーデンと眺望で小松市民に親しまれる山

動山

ゆるぎやま
604m

日帰り

歩行時間＝2時間20分
歩行距離＝5・3km

技術度
体力度

コース定数	＝11
標高差	＝470m
累積標高差	↗553m ↘553m

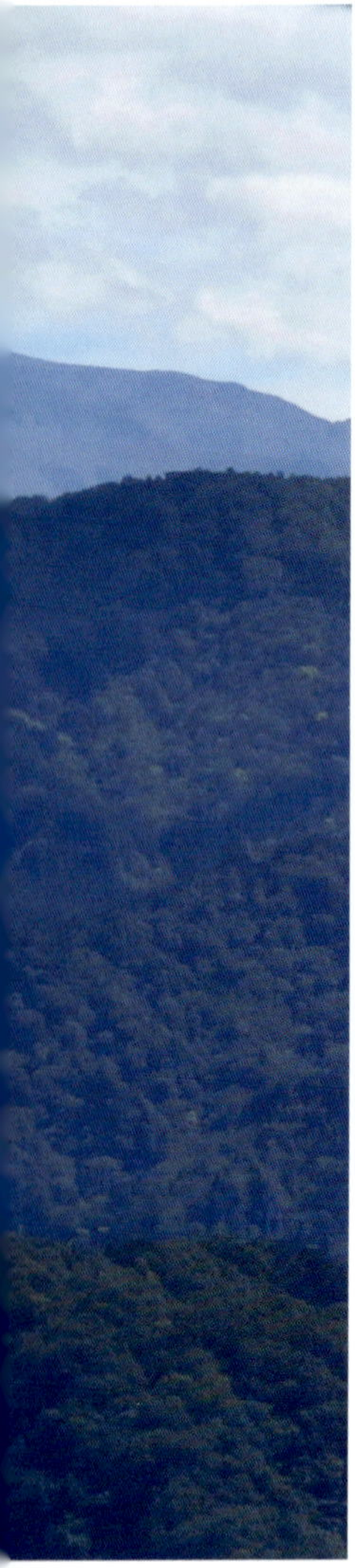

小松《こまつ》市街地を流れる梯川《かけはし》の上流、大杉谷《おおすぎたに》川流域に小松市の青少年施設が集中している。自然活用の施設や野外活動のキャンプ場などがあり、その活動の場となっている場所のひとつが動山である。

赤瀬《あかせ》ダム奥にある大杉下町の**白《はく》山《さん》神社入口**に登山口の石碑が立ち、登山者専用駐車場もある。神社横から林道を進むと**弘法水《こうぼうすい》**で、ここにも駐車スペースがある。

弘法水の左側にある小さな木の橋が山への入口。杉林の中を登るとロープが張られ、ごつごつした岩むき出しの直登の道となる。緩やかな登り、水平道、ロープのある急登と変化のある道だ。

やがて大岩が見えてくるとロックガーデンが広がる。どんと立っている岩がこもかけ岩だ。コースに戻って進むと観音岩があり、小さな仏像が祀られている。さらに進むと広場に出る。大きな岩の上に立つと白山《はくさん》が見える。

広場から急坂を進んでいくと緩やかな尾根となり、**動山**頂上に着く。広い山頂で、木製の台があり、その下に3等三角点がある。西側は日本海や木場潟《きばがた》、小松市街地が展望できる。右側へ進み、避難小屋をすぎると動山頂上の標識が立っていて、白山方面の山々を展望することができる。

下山は白山を前にして、急斜面のジグザグ道を下る。緩やかな道となると中《なか》町との**分岐**に出る。分岐の先には、展望のよいなだらかな小ピークがある。谷の向かいに台形型をした動山山頂部が見える。

細い尾根から、急な杉の植林地を下ると中大杉町の足比売《たるひめ》神社の横、神社の前で右に曲がると県道の**足比売神社入口**だ。ここから車道を**白山神社入口**の駐車場まで戻る。

（島野眞人）

■鉄道・バス
往路・復路＝JR北陸本線小松駅からは北鉄加賀バス、松東地区乗合タクシーを乗り継げば登山口、下山口の最寄り停留所に行くことができるが、運行本数、運行時刻を見ると登山での利用は難しい。マイカーかタクシーの利用が一般的。

■マイカー
北陸自動車道小松ICから県道101号、国道360号、県道22号、国道416号、県道161号などで約21キロの白山神社入口に登山者専用駐車場があるほか、600メートルほど手前の自由広場や、弘法水の前にも駐車スペースがある。

自由広場駐車場

■登山適期
積雪が多いので、登山シーズンは4月から。そのころにシャガやチゴユリが咲く。ササユリやナツツバキが咲く初夏や、紅葉の秋もよい。

■アドバイス
▽弘法水は、弘法大師が遍照金剛の杖を割れ目に突き刺したところ、岩の割れ目からこんこんと清水が湧き出てきたと伝えられてる。

↑大岩の上から白山を眺める

→開けた尾根からの動山

▽ロックガーデンは巨岩がごろごろしている場所で、こもかけ岩、不動岩、冠岩などの名前がつけられた大小の岩が点在している。

■問合せ先
小松市エコロジー推進課☎0761・24・8067、北鉄加賀バス☎0761・22・3721

■2万5000分ノ1地形図
動橋・尾小屋

サブコース 動山～鷹落山縦走

動山と蓮如山、鷹落山の3つのピークを結ぶ縦走路がある。動山山頂の西端部に分岐があり、鷹落山へ向かうと、すぐに急な下りとなる。何度か登り下りを繰り返し、鷹落山分岐まで坦々とした緩やかな尾根歩きが続く。展望のきく箇所はないが、新緑と紅葉の時期は快適な尾根歩きが満喫できる。鷹落山からは小松市西俣方面（鷹落山の項参照）と同市打木方面（林道歩きのあと、打木大橋付近）へ下るコースがあり、マイカーの場合、いずれかの方面に車を配置しておくとよい。

動山山頂から日本海を望む

CHECK POINT

1 白山神社入口の動山登山口

2 弘法大師の伝説を残す弘法水

3 ロックガーデンに入ると、写真のこもかけ岩や不動岩などの巨岩が続き、観音岩へ

4 観音岩下には仏像が祀られている

5 動山山頂から白山を見る

6 大杉上町への分岐

7 足比売神社横が動山の下山口

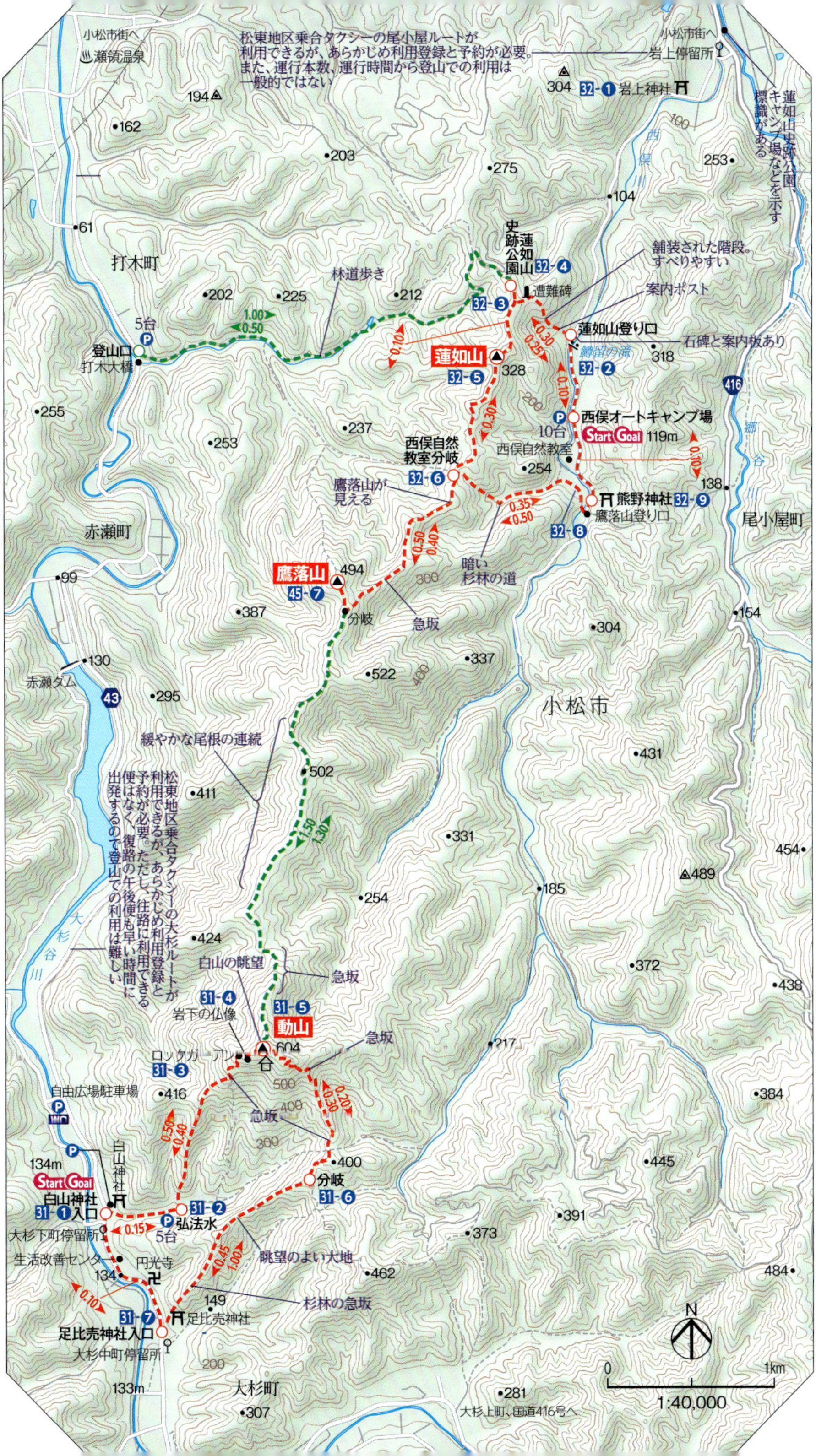

小松市街へ
瀬領温泉
松東地区乗合タクシーの尾小屋ルートが利用できるが、あらかじめ利用登録と予約が必要。また、運行本数、運行時間から登山での利用は一般的ではない
小松市街へ
岩上停留所
岩上神社
蓮如山史跡公園キャンプ場などを示す標識がある
史跡蓮如山公園
遭難碑
舗装された階段。すべりやすい
案内ポスト
蓮如山登り口
石碑と案内板あり
鰤留の滝
打木町
林道歩き
登山口
打木大橋
5台
蓮如山
328
西俣オートキャンプ場
10台
Start Goal 119m
西俣自然教室
西俣自然教室分岐
鷹落山が見える
熊野神社
鷹落山登り口
尾小屋町
赤瀬町
鷹落山
494
分岐
急坂
暗い杉林の道
赤瀬ダム
小松市
緩やかな尾根の連続
松東地区乗合タクシーの大杉ルートが利用できるが、あらかじめ利用登録と予約が必要。ただし、往路に利用できる便はなく、復路の午後便も早い時間に出発するので登山での利用は難しい
大杉谷川
白山の眺望
急坂
岩下の仏像
動山
604
ロックガーデン
急坂
自由広場駐車場
急坂
白山神社
134m
Start Goal
白山神社入口
弘法水
5台
分岐
大杉下町停留所
生活改善センター
円光寺
眺望のよい大地
杉林の急坂
足比売神社
足比売神社入口
大杉中町停留所
133m
大杉町
大杉上町、国道416号へ
1:40,000

32 史跡と展望の山を結ぶ森林浴コース

蓮如山・鷹落山

れんにょやま　328m
たかおちやま　494m

日帰り

歩行時間＝3時間35分
歩行距離＝6・9km

技術度

体力度

コース定数	＝17
標高差	＝381m
累積標高差	↗591m ↘591m

鷹落山山頂から見る白山

両山は小松《こまつ》市内を流れる梯川《かけはし》の上流、西俣《にしまた》川と大杉谷《おおすぎたに》川にはさまれた尾根上にある。蓮如山は蓮如上人にまつわる伝承がある山で、鷹落山は展望のよさに魅力があり、森林浴がてらの登山者も多い。山麓にある自然活用の施設やキャンプ場利用者にもよく登られている。

岩上集落で国道416号から案内板にしたがって右折、西俣川沿いの道に入り、3キロ弱走ったところにある**西俣オートキャンプ場**が起点となる。400メートルほど下流側に戻ると、右手に鱒留《ますとめ》の滝があり、滝の反対側が**蓮如山登り口**で、民家の間に蓮如山史跡公園の石碑が立っている。その先が蓮如山登山口で、標柱と蓮如山コースの案内図がある。

蓮如山山頂から柴山潟や小松ドームを見下ろす

苔むした舗装道を進むと、右手奥に長円寺《ちょうえんじ》住職兄弟の遭難の地に出る。左に曲がりながら進むと、突き当たりが史跡公園と蓮如山・鷹落山の分岐だ。

右に進むとすぐに**蓮如山史跡公園**で、了順墓碑と蓮如山由来の石碑がある。分岐まで戻り、直進するとベンチやブランコのある眺望のよい広場に出る。左に白山《はくさん》、右に柴山潟《しばやまがた》や大聖寺《だいしょうじ》の町が望める。その先が**蓮如山**山頂だ。

分岐まで戻り、尾根のアップダウンを繰り返して進むと、**西俣自然教室からの道の分岐**に出合う。直進して急登もある気持ちのよい尾根を登っていくと、鷹落山と動《ゆるぎ》山《やま》の分岐に着く。右折すると**鷹落山**の山頂だ。眺望はよく、2等三角点や方位盤がある。西方は小松ドームの白い屋根、柴山潟、木場《きば》潟《がた》など南加賀《みなみかが》方面が見わたせる。

■鉄道・バス

往路・復路＝JR北陸本線小松駅から北鉄加賀バス「尾小屋線」に乗り、終点手前で松東地区乗合タクシーに乗り換えて岩上に行くことはできるが、登山での利用は難しい。マイカーまたはタクシー利用がおすすめ。

■マイカー

北陸自動車道小松ICから県道101号、国道360号、県道22号、国道416号などで約19キロ、西俣オートキャンプ場に駐車場がある。

西俣オートキャンプ場前の駐車場

■登山適期

尾根からの鷹落山

東には白山、大倉《おおくら》岳《だけ》、笈《おいずる》ケ岳《たけ》、大笠山《おおがさやま》などが望める。

下山は**西俣自然教室の分岐**まで戻り、杉林の急斜面を下る。途中アルミ製の階段もある。畑の作業道から西俣川にかかる橋を渡ると舗装道路に出る。**熊野《くまの》神社**があり、左折して西俣自然教室をすぎて**西俣オートキャンプ場**に戻る。（島野眞人）

CHECK POINT

1 岩上集落奥を右折、神社前を通る

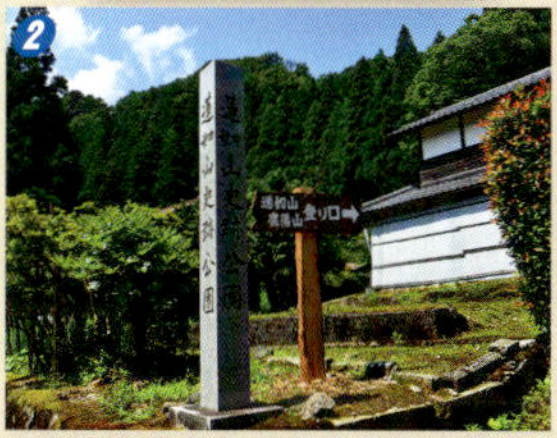

2 鱒留の滝の向かい側が蓮如山登り口

3 分岐を右は史跡公園、左は蓮如山

4 史跡公園の了順墓碑

5 蓮如山山頂の眺望のよい広場

6 西俣自然教室分岐を直進して山頂へ

7 白山や小松市街が見える鷹落山山頂

8 西俣川を渡ると舗装道路に出る

9 下山口にあたる熊野神社

標高は低いが、奥深い場所にあるので積雪は深い。登山シーズンは4月に入ってから。ユキバタツバキやユキグニミツバツツジなどの花が多い季節でもある。ササユリやナツツバキの花が咲く6月、7月は暑さをがまんすれば登る価値はある。秋の紅葉もよい。

■**アドバイス**

▽西俣川にかかる鱒留の滝は西俣町滝上の町名の由来となっている滝で、高さ10メートルあまり、幅20メートルで、水量の多い時は豪快な水音を響かせる。

▽了順兄弟遭難の地は、天正年間、柴田勝家の手勢に追われた長円寺住職兄弟が西俣へ逃れる途中討ちとられた場所で、地元民による供養が続けられている。

了順兄弟遭難の地に建つ説明板

■**問合せ先**

小松市役所エコロジー推進課☎0761・24・8067、北鉄加賀バス☎0761・22・3721、西俣キャンプ場☎0761・67・8100（西俣創造の森振興会）

■**2万5000分ノ1地形図**

尾小屋・動橋

＊コース図は93ページを参照。

33

手軽に眺望が楽しめる南加賀エリアの人気の山

鞍掛山

くらかけやま
478m

日帰り

歩行時間＝1時間55分
歩行距離＝3・0km

技術度

体力度

コース定数＝**9**	
標高差＝380m	
累積標高差	↗ 434m ↘ 434m

滝ヶ原集落からの鞍掛山。2つのなだらかなコブ（鞍掛山と後山）が寄りそう

鞍掛山は「馬の鞍を置いた形」の意で、小松《こまつ》市や加賀《かが》市の平野からは「ふたこぶラクダ」のように見える。日本海からは航路の目印となり、「舟見山《ふなみやま》」ともよばれている。登山口は小松市滝《たき》ヶ原《はら》、加賀市塔尾《とのお》、加賀市荒谷《あらたに》からあり、低山ながら9本ものコースが登られている。登りと下りの組み合わせで変化に富んだ周回登山ができるのが、この山の魅力のひとつでもある。ここでは特に人気の高い滝ヶ原の西《にし》ノ谷《たに》から登り、行者岩《ぎょうじゃいわ》コースを下るコースを紹介しよう。

バス停がある那谷《なた》寺からは、滝ヶ原集落を抜けて、アーチ石橋群を横目に見ながら鞍掛大橋を渡る。鞍掛山の形をした案内表示にしたがって林道を進むと第2駐車場、続いて広い**第1駐車場**へ進む。この先に西ノ谷、中ノ谷、行者岩の登山コースがある。

西ノ谷コースは、他の2コースを左に見送って小橋を渡る。林の中をジグザグに登り、ひと登りで**舟見平**《ふなみだいら》に到着する。日本海、柴山《しばやま》潟《がた》まで見える眺望を楽しみながら一服しよう。

この先、少し急な岩場が続き、さらに登ると**鞍掛山**山頂に到着する。360度の大展望で、加賀や小松の市街地、木場潟《きばがた》、富士写《ふじしゃ》ヶ岳《だけ》などの山々、そして白山《はくさん》も見える。

山頂から後山《うしろやま》の方へ少し下ると避難小屋があり、その先の獅子岩

■**鉄道・バス**
往路・復路＝JR北陸本線小松駅から北鉄加賀バスで那谷寺バス停で下車。登山口まで約5㌔だが、那谷寺着が午前の遅い時間になるため、登山には不適。あるいはJR北陸本線加賀温泉駅から加賀温泉バスか加賀周遊バスのキャンバスで山代温泉まで行き、タクシーで登山口へ。

■**マイカー**
北陸自動車道片山津ICから県道20号、39号、145号、43号、などで約16㌔。滝ヶ原第1駐車場を利用する。

■**登山適期**
春には自生のアセビやヒュウガミズキが見られ、秋の紅葉のころもよい。積雪期と真夏は不適。

■**アドバイス**
▽滝ヶ原地区には日本遺産に認定された滝ヶ原石のアーチ型石橋群が見られる。

日本遺産に認定された滝ヶ原石のアーチ石橋

山麓の滝ヶ原地区に残る滝ヶ原石の石切場跡

▽滝ヶ原からの登山コースは、紹介

CHECK POINT

木の根がむき出しになった西ノ谷登山道を登っていく

舟見平からは「馬の鞍」形の鞍掛山の山容がよくわかる

周囲360度の山々を見わたすことができる鞍掛山頂上

山頂のすぐ先にある獅子岩。先端に立つとスリル満点

かつての修験道の名残をとどめる行者岩下の千手観音像

鞍掛山山頂は白山の全体像を眺めるには格好の場所

へ立ち寄ってみよう。後山山頂を経て、その下に獅子岩がある。**獅子岩**の最先端に立つと、かなりのスリルが味わえる。

景色を堪能したら避難小屋まで戻り、分岐で右手の行者岩コースに入る。少し下ると行者岩の頭頂部（トンビ岩）が右手に見え、道

行者岩の頭部は鳥のトビに見立てて、トンビ岩とよばれている

コースのほか、急登続きの中ノ谷コース（約1時間）、展望岩を通る水谷コース（約2時間）がある。塔尾口からは後山を経由する加賀とのお新道コース（約2時間）、塔尾コース（約50分）がある。荒谷からは鶴ヶ滝コース（約1時間30分）がある。

▽鶴ヶ滝コース口近くの石川県内水面水産センターでは天然記念物のオオサンショウウオが飼育されている。

■問合せ先

鞍掛山を愛する会事務局（小松市役所南支所）☎0761・44・2535、北鉄加賀バス☎0761・22・3721、加賀温泉バス☎0761・77・3080、加賀周遊バス・キャンバス☎0761・72・7777、石川交通加賀営業所☎0761・76・3131、大交日の出タクシー☎0761・76・0033

■2万5000分ノ1地形図

動橋

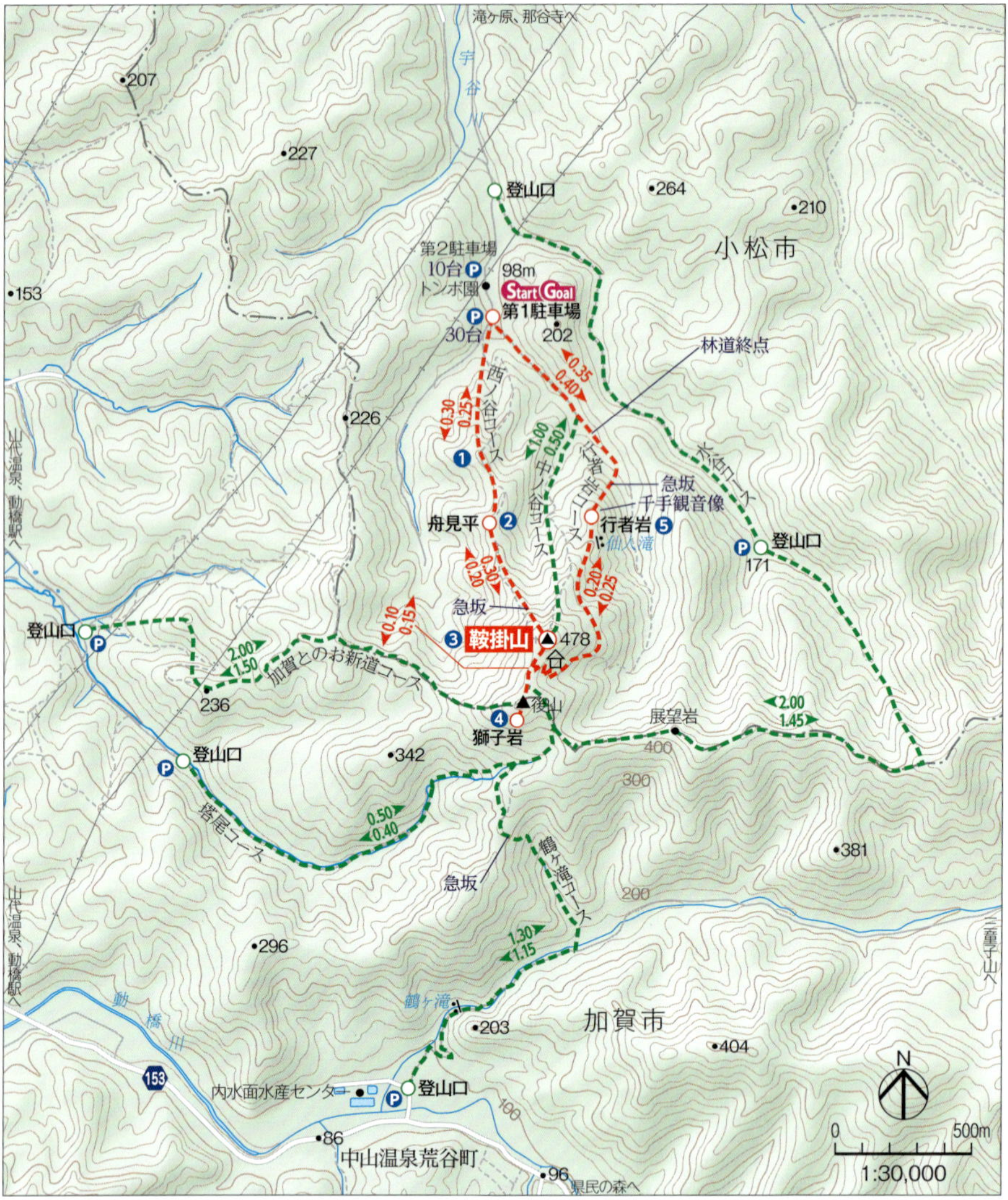

行者岩基部は修験者の修行の面影が残る

はすぐ突き当たる。そこを右手に入ると**行者岩**があり、その基部の窪地は昔、行者が修行していた跡であり、千手観音像が安置されている。その先には仙人滝もある。行者岩は下りでは見すごすことがあるので要注意だ。

元のコースに戻り、下ると途中で中ノ谷コースに合流する。頂上から寄り道しても滝ヶ原の**第1駐車場**まで1時間足らずで到着する。

（小西光子）

鞍掛山の東に位置し、標高の割には登りごたえのある山

三童子山

さんどうじやま
493m（最高点＝543m）

日帰り

歩行時間＝3時間45分
歩行距離＝8・4㎞

技術度
体力度

コース定数	＝**19**
標高差	＝443m
累積標高差	↗938m ↘938m

県民の森パノラマコースから三童子山とスカイラインを望む

鞍掛山から望む三童子山

「三童子山」は、平安時代に山頂直下の黒岩《くろいわ》の洞窟で3人の僧（童子）が修行していたことからつけられたといわれる。「江沼《えぬま》三山」のひとつ、鞍掛山《くらかけやま》と稜線続きで、縦走路の鞍掛山・三童子スカイラインがある。ここでは足谷《あしたに》登山口から登り、主谷《おもだに》登山口へ下る三童子山のみを周回するコースを紹介しよう。

鞍掛山の登山口でもある滝《たき》ヶ原《はら》町の約1・5キロ奥、足谷登山口と主谷登山口の**林道分岐点**に車を置き、林道足谷線に入る。杉林の中の林道を進むと案内板があり、その横が**足谷登山口**だ。いきなり階段の急登がしばらく続き、アカマツが目立つようになると岩場に着く。ようやく視界が開け、その先に黒岩を望む展望台がある。緩やかな尾根歩きとなり、春はアセビの花、秋は広葉樹の紅葉を楽しめる。

最後の急な階段を登りきると**三童子山**頂上に着く。山頂はやや広く、3等三角点があり、「馬鞍型」の鞍掛山も目の前に手の届きそうな距離に見える。南方の加賀《かが》平野や柴山潟《しばやまがた》は樹木にさえぎられて眺望はあまりよくない。一向一揆勢の山城跡もあり、3人の童子が修行した黒岩洞窟へは、案内板はあるもののクマザサに覆われている。

山頂からは鞍掛山へのスカイラインに入る。いったん下ったのち、アップダウンの尾根道歩きとなり、三童子山より標高が高い540メートル峰へは、かなりの急登だ。**540メートル峰**を越えたあたりから東側の展望が楽しめ、那谷《なた》寺の宿泊施設である生雲《いくも》や、台形の動山《ゆるぎやま》が木々の

CHECK POINT

足谷登山口と主谷登山口との分岐。足谷登山口へは左の林道を行く

案内板が立つ足谷登山口。急登の階段ではじまり、急登がしばらく続く

３人の童子（修行僧）が修行したといわれる黒岩を望む

三童子山山頂。山城跡と３等三角点がある

三童子山スカイライン中間点にある主谷下山道。案内板は崩壊している

下り着いた主谷登山口には広い駐車スペースがある

↑三童子山山頂から南西に隣接する鞍掛山を眺める

←主谷林道脇にある巨岩のしりさきの神岩。この前を通って出発点に戻る

間から見え隠れする。

長い下りのち、さらに高い峰のピークが待っている。いくつかの峰を越え、主谷への下山道を見すごしたのかと心配になるころ、スカイラインの中間点である**主谷下山道との分岐**に着く。

ここからスカイラインを離れ、北に細く急な階段道を下る。杉の植林地を抜け、沢沿いに進んで丸木橋を渡ると広い駐車場のある**主谷登山口**に着く。清流沿いに林道を進み、城戸《きど》のだんご岩、しりさきの神岩の大岩を抜けてからしばらくで車を置いた**林道分岐**に着く。

（東 京子）

■鉄道・バス

往路・復路＝最寄りの那谷寺バス停からは距離があり、バスの時間も午前の遅い時間の利用となるのでマイカー利用が一般的。前項33鞍掛山96ページ）参照。

■マイカー

北陸自動車道小松ICから県道25号、11号、国道305号、県道43号など、約18キロで林道分岐へ。

■登山適期

積雪期と盛夏は不適。ヒュウガミズキなどの早春の花が咲く3月下旬から4月がよい。秋の紅葉も推奨できる。

■アドバイス

▽山頂には戦国時代に一向一揆勢が朝倉勢に対抗するために籠もった城跡がある。柴田勝家勢の佐久間盛政が攻め落としたといわれる。

▽登山口の滝ヶ原町では、凝灰岩の一種の滝ヶ原石が採掘されている。水に強く、石橋、建築石材に適している。滝ヶ原町には、随所に石造の橋がある。

▽滝ヶ原集落はずれにある石の里・水と緑のふれあい公園は清流に沿って設けられており、自然と触れ合うことのできる自然豊かな空間で、駐車場やトイレなども整備されている。

■問合せ先

小松市エコロジー推進課☎0761・24・8067、里山自然学校こまつ滝ヶ原☎076・165・2436、鞍掛山を愛する会（小松市役所南支所）☎0761・44・2535、北鉄加賀バス☎0761・22・3721

■2万5000分ノ1地形図

動橋

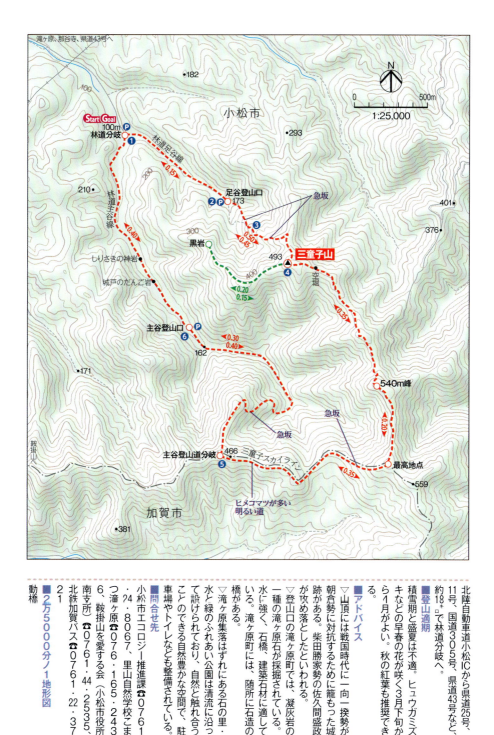

35

南加賀山域の中央、史跡と展望が魅力の山

奥城山

おくしろやま
515m

日帰り

歩行時間＝3時間
歩行距離＝5・9㎞

技術度
体力度

コース定数＝12	
標高差＝370m	
累積標高差	465m（登り）
	465m（下り）

奥城山山頂から犀奥の烏帽子山、口三方岳、高三郎山を望む

小松《こまつ》市街地を流れる梯川《かけはし》の上流、大杉谷《おおすぎだに》地区にある「里山自然学校大杉みどりの里」の裏山にあたり、青少年活動の場所ともなっている。中世の城があった城山《しろやま》の奥にあり、加賀《かが》南部地域の山々を展望する好位置で、山頂南側にホンシャクナゲの群落がある。

大杉みどりの里の近くに「円光寺発祥の地」と刻まれた大きな石柱が立ち、道路反対側に「蓮如上人お杖の名泉」の標識がある。これにしたがって杉林の中の「やす谷コース」を進む。

杉林をすぎると細い尾根通しとなり、急登を織り交ぜた登りが続く。最後の斜面を登りきると**城山**山頂で、中世には城、といっても見張り用の砦《とりで》程度のものが設けられていた場所である。根もと近くまでむき出しになった3等三角点があり、笈《おいずる》ヶ岳《たけ》、大笠山《おおがさやま》など白山《はくさん》北部の山々を展望できる。

先に進もう。緩い尾根通しから、急登をすぎると**分岐**があり、大杉神社コースに合流する。緩やかな登りで、林研の森コースとの合流地点に着く。展望のよい小ピークで、目前にどっしりとした動山《ゆるぎやま》、その向こうに日本海までも展望できる。

さらにひと登りで**奥城山**山頂に立つ。広い山頂で、大日山《だいにちさん》や鈴《すず》ヶ岳《たけ》など、加賀南部の山々を展望できる。さらに谷向かいに山頂のとがった兜山《かぶとやま》がそびえ立ち、目を引く。

下りは大杉神社を目指して**分岐**まで下り、展望のきく緩やかな尾根歩きから、小さな沢に向かって下ると杉林が連続する。堰堤工事用の作業道まで下ると**大杉神社**は近い。社殿には精緻な彫刻が施されており、目を引く。拝殿の前に

■鉄道・バス
往路・復路＝JR北陸本線小松駅から北鉄加賀バス大杉線を終点のせせらぎの郷まで利用し、その先は松東地区乗合タクシーに乗り換えることになるため、マイカーか小松駅からタクシーの利用がおすすめ。

■マイカー
北陸自動車道小松ICから県道25号、54号、101号、国道360号、県道22号、国道416号、県道161号と走って、県道43号で大杉みどりの里へ。約25㌔。

■登山適期
積雪期以外は登山可能だが、真夏は避けたい。春先のタムシバから5月上旬のホンシャクナゲ、7月のナツツバキが咲くころ、秋の紅葉もよい。

■アドバイス
▽コースはほかに、みどりの里ゲレンデから最短で登れる「スキー場コース」、やす谷コースの西側の尾根に「林研の森コース」がある。
▽大杉神社にある鳥居の篇額は海軍大将・東郷平八郎の筆によるもの。拝殿前にある大イチョウは小松市指定文化財で、山崎城城主・山崎高五郎の家臣が植えたと伝えられている。樹齢は約500年とされ、無数に垂れ下がった乳柱（気根、長いものは2㍍もある）が珍しい。かつて娯楽のなかった時代、力比べに用いた石（番持ち石）も残っている。

ある大イチョウには無数の乳柱がぶら下がり、奇観として知られている。集落沿いに県道を**大杉みどりの里**へ戻る。（元藤映了）

大杉神社の大イチョウ

蓮如上人ゆかりの名水の前を通っていく

▽山上からの見通しがよいことから、中世には山名が示すように城が築かれ、太平洋戦争中には航空監視所が設けられていた。
▽お杖の名泉は、蓮如上人が大杉の円光寺に舎弟を訪ねた際に、手にもった杖で突くと、とうとう泉が涌き出たと伝えられる。

蓮如上人お杖の名泉

■問合せ先
小松市役所エコロジー推進課☎0761・24・8067、里山自然学校・大杉みどりの里☎0761・46・1012、北鉄加賀バス☎0761・22・3721

■2万5000分ノ1地形図
動橋・山中・加賀丸山・尾小屋

CHECK POINT

1 やす谷コース起点を左に折れてロープもある急坂を登る

2 城山山頂。小さな砦跡といった広さで、右に三角点がある

3 急斜面を登って奥城山と大杉神社の分岐に出る

4 大杉神社コース分岐。右折して奥城山を目指す

5 右から林研ノ森コースを合わせるとすぐに奥城山山頂だ

6 尾根を離れ、小沢から杉林に入ると、ほどなく大杉神社に着く

36 兜山《かぶとやま》 1027m

大日川と大杉谷川にはさまれた大日山の前衛峰

日帰り

歩行時間＝6時間50分
歩行距離＝17・0km

技術度 ▲▲

体力度 ❤❤

コース定数＝30
標高差＝876m
累積標高差 ↗1171m ↘1171m

県道161号を大杉谷《おおすぎたに》川に沿って進むと、山並みの奥に緩やかな曲線を描いた稜線が見えてくる。その一画にこぶのように突き出ているのが兜山の山頂部だ。稜線をさらに南へたどると、鈴《すず》ヶ岳《たけ》から大日山《だいにちざん》へと続いている。

登山口は小松《こまつ》市大杉町にあり、**大杉本町バス停**近くに「兜山、鈴ヶ岳、大日山」への標識が立っている。ここが林道鈴ヶ岳線の入口で2・5㌔ほど行くと**兜山の標識**があり、分岐を左折して林道鍋床《なべとこ》線をさらに2㌔ほど行ったところが**登山口**だ。

整然とした杉林の中のつづら折りの道を登っていくと、ヒメコマツと桧が主体のやせ尾根に出る。針状の松の落葉が無数に落ち、左右が切れ落ちた尾根は谷から吹き上がる風が気持ちがよい。

やがて松の大木が立つ尾根の**分岐**に出る。右へ行くと雨量観測点、山頂は左へ行く。このあたりからホンシャクナゲが見られる。大きな群落はないが、緑のヒメコマツとピンクの花の対比が美しい。

右側が杉林となり、動山《ゆるぎやま》を背景に大杉町方面が見わたせる唯一の展望ポイントをすぎ、急坂を登りきると上《うえ》ヶ原《はら》という、広く平坦な植林地に出る。杉の葉が散乱して道がわかりづらいので、踏跡をしっかり確認しながら進みたい。

杉林をすぎ、つづら折りの道から稜線下の緩やかなトラバース道を行くと、まもなく大日川の川音が聞こえてくる。ここで山頂へと続く**稜線**上に出る。道も緩やかで、ブナ林が続き、春先にはトクワカソウ、ミヤマカタバミなどが咲き、新緑とともに快適な尾根歩きができる。

緩やかなアップダウンが何度かあり、最後は急坂となって左手に大きな岩が見えると山頂は近い。

下大杉町の自由の広場付近から遠望した兜山。手前の川は大杉谷川

■鉄道・バス
往路・復路＝JR北陸本線小松駅から北鉄加賀バスをせせらぎの郷まで利用、その先は松東地区乗合タクシーに乗り換えることになる。ただし、登山での利用は実際的ではなく、マイカー利用が一般的。

■マイカー
大杉町までは前項の35奥城山（102㌻）を参照。大杉町で林道鈴ヶ岳線、林道鍋床線を行く。林道鍋床線終点手前で道が上下に分岐していて、上の林道を100㍍ほど行くと登山口だが、道が悪いので分岐の広場に駐車した方が無難。下の林道の突き当たりにも古い登山口があるが、崩壊しているので使えない。小松ICから約31㌔。

林道鈴ヶ岳線の入口

■登山適期
4月下旬から5月上旬にかけてが新緑と花の見ごろ。10月下旬から11月の紅葉、降雪前の冬枯れの道は見晴らしがよい。夏は草が茂るので避けた方が無難。

■アドバイス

CHECK POINT

林道鍋床線の分岐の広場。車はここに停め、右の林道を行く

松の大木が立つ分岐。山頂は左へ行く

ヒメコマツの林を行く。季節にはホンシャクナゲの花も見られる

兜山山頂の標柱と2等三角点。東方に白山が見える

広く伐開された**兜山**山頂には2等三角点がある。東方向に目をやると悠然と横たわる白山《はくさん》が眺望できる。

下山は同じ道を戻る。

（村上秀明）

▽梯川の支流・大杉谷川は、赤瀬町まで来ると「荒俣峡」といわれ、散策路もあり、四季を通じて楽しめる。

▽荒俣峡から赤倉林道を少し行くと那殿（なでん）観音がある。岩屋の本殿は舞台造り。そのほか、赤瀬ダムなど見どころが多い。

■問合せ先

小松市エコロジー推進課☎0761・24・8067、北鉄加賀バス☎0761・22・3721

■2万5000分ノ1地形図

加賀丸山

37

ブナ林と白山周辺の山々の展望が魅力の深山

鈴ヶ岳

すずがたけ
1175m

日帰り

歩行時間＝3時間55分
歩行距離＝6・4km

技術度

体力度

コース定数＝**17**

標高差＝625m

累積標高差 761m 761m

鈴ヶ岳山頂から雪の白山を展望

鈴ヶ岳山頂からは兜山が近くに見える

大杉《おおすぎ》町の「里山自然学校・みどりの里」をすぎると、すぐ右手に鈴ヶ岳へ通じる林道鈴ヶ岳線の入口を示す看板がある。この林道を兜山《かぶとやま》への道を左に分けて約8キロ進んだ林道終点が**登山口**だ。

杉の植林地の中、大杉谷《おおすぎたに》川の源流沿いに瀬音を聞きながら歩くと「鈴ヶ岳まで2・9キロ」の案内板の立つセノ谷に出る。細い鉄製の橋を渡り、「幸四郎《こうしろう》屋敷」を示す案内板をすぎると再び沢を渡る。こちらの橋も細いが、バランスをとれるようロープがつけられている。上流を見ると滝がいく段にもなって白く水を落としている。

この沢を渡ると、左手に百間《ひゃっけん》滝への分岐がある。滝へは整備状況を確認してから進もう。鈴ヶ岳へは、案内板にしたがって急坂を登りきり、やや平坦になると良蔵《りょうぞう》屋敷跡があり、まもなく**ヌギ谷原**に出る。かつてはミズバショウが群生していたが、イノシシに荒らされてしまった。りっぱな出作り小屋と水場があるので、ひと休みしていこう。サンカヨウ、エンレイソウなどが楽しめる。

小屋の前を通って尾根に取り付き、登りつめると「ここはブナ尾根。鈴ヶ岳まで1・8キロ」の案内板がある。しばらくは明るいブナ林の登山道を気分よく歩けるが、しだいに斜度が増して、足場の悪い地点にはロープが下がっている。途中、「県指定自然環境保全区域ブナの巨木」の大きな案内板に出合うので、ブナ林を見ながらひと息ついていこう。ブナ林の中ではミツバツツジ、タムシバ、トクワカソウの花が咲く。

急坂を登りきると「**山頂まで0・9キロ**」の地点に出る。ブナも細く低くなり、すぐ近くで兜山が円錐形の姿を現す。行く手の2つのピークの奥が目指す山頂だ。

再びブナ林に入ってわずかに下り、再度登り返すと**鈴ヶ岳**山頂に出る。木々が刈り払われ、白山《はくさん》の御前峰《ごぜんがみね》、剣《けん》ヶ峰《みね》、大汝峰《おおなんじみね》、別山《べっさん》、三《さん》ノ峰《みね》と、あますところなく見ることができる。

下山は往路を戻る。山頂から登山道をそのまま進めば、新保《しんぼ》町木《き》

■鉄道・バス
往路・復路＝JR北陸本線小松駅から北鉄加賀バスをせせらぎの郷まで利用、その先は松東地区乗合タクシーに乗り換える。ただし、登山での利用は難しく、マイカーが一般的。

■マイカー
大杉町までは35奥城山（102ページ）を参照。大杉本町から標識にしたがって右手の鈴ヶ岳林道に入る。終点までほぼ完全に舗装されており、登山口には駐車スペースがある。北陸自動車道小松ICから約41キロ。

■登山適期
林道の積雪の状況によるが、5月か

地小屋《じごや》からの登山道とブナ平で合流し、カタクリ小屋に出る。鈴ケ岳から大日山《だいにちざん》までは1時間30分程度である。（曽谷正俊）

CHECK POINT

1 登山口から大杉谷川の源流に沿って杉林の登山道を進む

▼

2 セノ谷に出て、ワイヤーが渡された2つ目の沢を小さな鉄橋で渡る

▼

3 急坂を登り、平坦になるとヌギ谷原で、出作り小屋が建っている

▼

4 急坂の途中で出会うブナの巨木の案内標識。ひと休みしていこう

▼

5 「山頂まで0.9キロ地点」の標識付近はブナも低くなり、兜山が見える

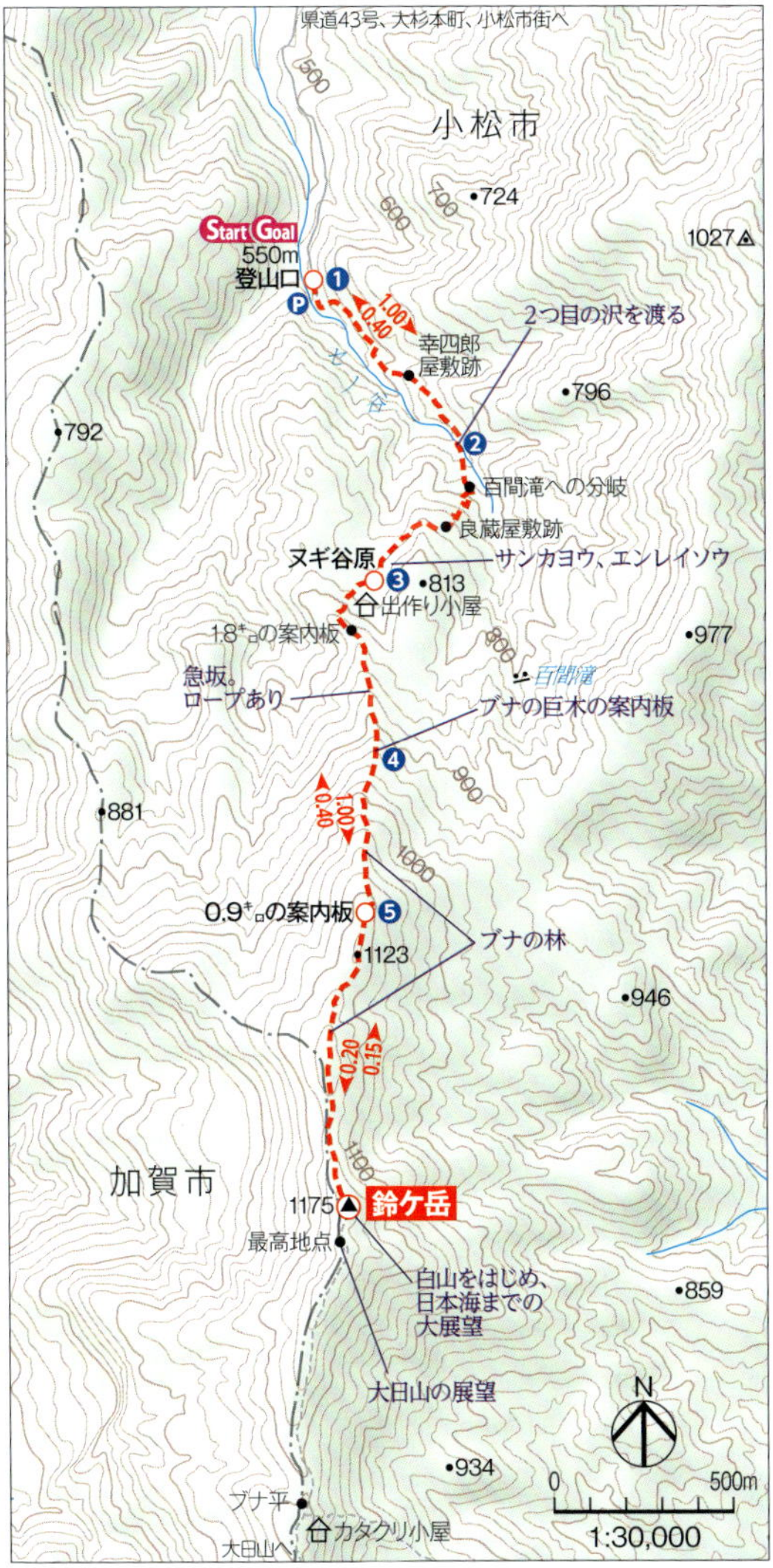

ら11月にかけて、盛夏を除いて山歩きを楽しめる。新緑と紅葉のブナ林、残雪や新雪の白山眺望が楽しみ。

■アドバイス

▽加南の名峰・大日山へ足をのばすと、より充実した山歩きを楽しめる。

▽里山自然学校・大杉みどりの里や冒険のとりでにトイレがある。

▽小松方面に約10キロ戻った瀬領町のせせらぎの郷に温泉施設があり、日帰り入浴ができる。

▽ツキノワグマの生息地で、クマ除け鈴などをもって歩いた方がよい。

■問合せ先

小松市役所エコロジー推進課☎0761・24・8067、小松市農林水産課☎0761・24・8080、せせらぎの郷事務所☎0761・46・1919、北鉄加賀バス☎0761・22・3721

■2万5000分ノ1地形図

山中・加賀丸山

38

大日山① 池洞新道・徳助新道

大きな山体で、花も豊富な南加賀山域の盟主

だいにちざん
1368m

日帰り

歩行時間＝6時間
歩行距離＝10・3km

技術度

体力度

コース定数＝**26**

標高差＝913m

累積標高差 1158m 1158m

大聖寺《だいしょうじ》川の水源に位置し、大きな山体はまさに南加賀《かが》山域の盟主にふさわしい。白山《はくさん》よりはるかに古い時代の火山で、ゆったりした山容の中に、「加賀甲《かぶと》」「越前《えちぜん》甲」の地名が示す通り、峻険な一面もある。「大日山」といえば大日如来の信仰と結びつきそうだが、この山には伝説のみで、そうした痕跡は見あたらない。小松《こまつ》市新保《しんぼ》からの道もあるが、花の多い真砂《まなご》からのコースを紹介しよう。

廃村となった真砂地区が起点。**駐車場**から銅板で覆われた神社の鳥居、**徳助《とくすけ》新道入口**を左に見て、大日谷にかかる橋を渡り、荒れた林道を進むと池洞《いけぼら》新道の起点となる**登山口**で、右手に標識がある。

ひとしきり登ると「池洞平」とよばれる杉林の平坦地となり、その末端で雑木林の尾根に取り付く。ササユリやヤマツツジの花が見られる。1箇所だけ福井県境の山々を展望できる地点があるが、総じて展望はきかない。

尾根上の**中又谷覗《なかまたたにのぞき》**をすぎると、やがてブナ林となり、さらに展望のきかない尾根歩きが続く。急登はなく、適度の傾斜が続き、足もとにカタクリの花が出てくると、**加賀甲**のピークに登り着く。昭和42（1967）年に6人パーティの冬山遭難を期に建設された避難小屋がある。

ピークから福井平野や九頭龍《くずりゅう》川《がわ》流域を見下ろしながら下っていくと、ササ原のかたごが原にさしかかる。名前の通り、春にはカタクリが目を楽しませてくれる。ここから登り返すと**大日山**山頂だ。白山を筆頭に、荒島岳《あらしまだけ》など、石川、福井の名だたる山々のパノラマがすばらしい。

下山は周回コースに入り、小《こ》大日山を目指す。緩やかに下り、登り返すと冷水の頭に着く。平坦な鞍部から緩やかに登っていくと東

福井県九頭龍川流域を俯瞰

小大日、大日山、加賀甲（高倉山から）

加賀甲の避難小屋から大日山山頂を望む

西に細長い**小大日山**山頂で、西端に3等三角点がある。

緩く下っていき、**徳助の頭**で右に高倉山への道を分ける。ここからは左手へ急な下りが連続する。下りきると畑跡のような階段状の地形がある。谷沿いにしばらく行くと、**徳助新道入口**で往路の林道に出る。

（元藤映了）

■鉄道・バス
往路・復路＝公共交通機関が利用できるのは山中温泉まで。その先はタクシーで向かうことになる。

■マイカー
山中温泉から国道364号を走り、我谷ダムで県道153号に入り、古九谷大橋で県道から大聖寺川沿いの林道を真砂地区の駐車場へ。北陸自動車道片山津ICから約35キロ。

■登山適期
花の多い早春から初夏までと秋の紅葉シーズンがよい。

■アドバイス
▽紹介した周回コースはアップダウンがあり、比較的長いコースのため、体力に自信のない場合は池洞新道を往復した方がよいだろう。
▽真砂は越前から移住してきた木地師の集落跡。その技術が山中温泉の伝統工芸品の山中塗に伝承されている。
▽駐車場近くの看板には、平成10年に離村した過疎の集落の悲哀を感じさせる「つぶやき」と題された詩文が記載されている。

■問合せ先
加賀市山中温泉支所☎0761・78・1111、山中温泉観光協会☎0761・78・0330

■2万5000分ノ1地形図
山中・龍谷

↑かたごが原からひと息で登り着いた大日山山頂。石川や福井の主だった山々が大パノラマで広がっている

中又谷覗をすぎると雑木の尾根からブナ林の尾根に変わる→

CHECK POINT

1 真砂集落跡からの林道を登山口へ

2 駐車場は20台ほどは停められる

3 神社跡に立つ鳥居前を通っていく

4 池洞コース登山口。林道を右折する

5 雑木林の中の中又谷覗。道標がある

6 加賀甲のピークに建つ避難小屋

7 大日山を下り、登り返すと冷水の頭

8 小大日山。大日山や加賀甲が大きい

9 徳助新道分岐に下山

＊コース図は114～115ページを参照。

39

大日山 ②

白山の大展望、紅葉、花が楽しめる、近年人気のコース

新保コース・滝見尾根コース

だいにちざん 1368m

日帰り

歩行時間＝4時間40分
歩行距離＝8・2km

技術度

体力度

コース定数＝**20**

標高差＝744m

累積標高差 ↗909m ↘909m

新保からの登山道途中から見た大日山山頂

登山口を出発して4つ目の徒渉点。このすぐ先が熊の平で急坂がはじまる

大日山は小松《こまつ》市と加賀《かが》市にまたがり、山頂は両市の最高地点になる。小松市側の新保《しんぼ》町（廃村）を起点としたコースは、変化に富み、近年登山者が増加しているようだ。その新保コースを登り、滝見《たきみ》尾根コースを下って周回してみよう。

コース案内図がある**登山口**から杉林に入り、しばらく沢沿いに進むと徒渉地点に出合う。増水時用にロープが張り渡されているが、普段は水量が少なく、幅も数メートル程度なので、大きめの石や浅瀬を慎重にたどれば、ロープに頼らなくても渡ることができる。

この先、さらに3度徒渉すると熊《くま》の平《たいら》で、平坦だった道はここから急坂になる。クマに無残に皮をはがれた木が目立つ杉の植林地は、やがてブナ林に変わる。ロープが張られた箇所もある尾根道を登りきると、鈴ヶ岳からの道が合流するブナ平だ。左手に**カタクリ小屋**があり、小屋の裏からは白山の眺望がよい。

大日山山頂から見る白山の大パノラマ

小屋からブナ林の中の緩やかな道をしばらく進んだのち、山頂直下の急坂を登れば、灌木が茂る広々とした**大日山**山頂に着く。標識のある広場から西側に少し進むと、さえぎるものがない白山《はくさん》の大展望が広がる。

下山は来た道を引き返し、「新道経由新保町登山口3・1キロ」の標識がある**滝見尾根コース分岐**を右折する。ブナ林の中の急な尾根を下ったのち、斜面を横切りながら小さな沢を数箇所渡る。道沿いのサンカヨウ、エンレイソウなどの

サンカヨウの群落

■鉄道・バス
往路・復路＝利用できる公共交通機関はないので、マイカーでの入山が一般的。

■マイカー
北陸自動車道小松ICから国道8号を経由して国道416号を小松市新保町木地小屋まで進む。約38キロ。

■登山適期
国道416号が通行可能な5月上旬から11月中旬にかけてが登山可能な期間。木々が紅葉し、白山が冠雪する10月下旬から11月上旬が最適。ブナの新緑が鮮やかで花も多い5月下旬から6月にかけても訪れる登山者が多い。

■アドバイス
▽小松市が平成14年に建てた大日山自然学舎カタクリ小屋は清潔で気持ちのよい避難小屋だ（トイレはない）。
▽降雨により谷の増水が予想される時は、滝見尾根往復が無難。
▽国道416号は道幅が狭く、見通しも悪くカーブも多いので、慎重な運転が必要。国道157号から県道44号を経由して国道416号に入ることもできる。登山口に駐車場（8台ほど）と簡易トイレがある

■問合せ先
小松市エコロジー推進課☎0761・24・8067

■2万5000分ノ1地形図
加賀丸山・北谷・龍谷

CHECK POINT

国道416号沿いにある新保コース登山口。しばらくは沢沿いの道を行く

最初の徒渉地点。ロープが渡されていて、水量が少なければ飛び石で渡れる

3度の徒渉を終えると熊の平で、熊に皮をはがれた杉が目立つ。ここから急坂がはじまる

稜線のブナ平で鈴ヶ岳からの道と合流する。大日山へは左に進む

ブナ平の一角にあるカタクリ小屋。小屋のうしろからは白山がよく見える

滝見尾根の道との分岐。「新道経由新保町登山口3.1㌔」の標識が目印になる

緩やかな尾根道を行き、最後の急坂を越えれば大日山山頂に登り着く

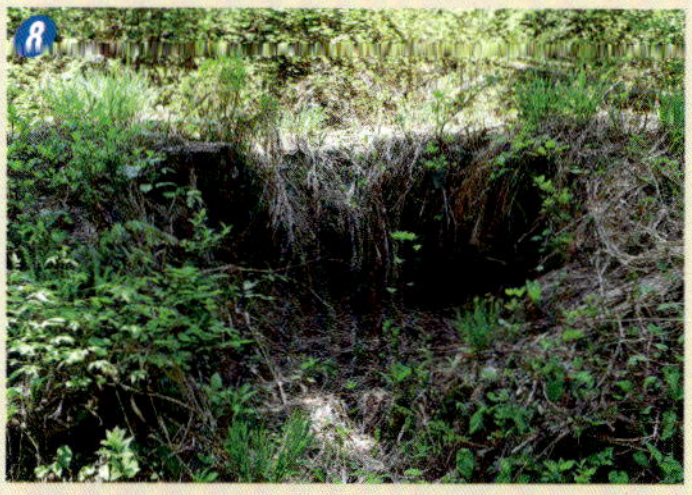

滝見尾根を下っていくと、傾斜が緩んだところで、古い炭焼釜跡に出合う

群落や炭焼窯跡を見ながらしばらく進むと、杉が植林された平坦地に出る。この先、大きな五葉松が立ち並び、アップダウンのある長いなだらかな尾根道が続く。

沢音が聞こえるようになり、杉の植林地に入ると、まもなく**登山口**に帰り着く。

（山口光男）

木地小屋、鈴ヶ岳へ
小松へ
大日川
鈴ヶ岳
1175
811
627
859
725
624m
Start Goal
登山口
P 39-1
755
徒渉箇所
白山の展望
急坂。
ロープあり
934
39-2
39-4
ブナ平
カタクリ小屋
39-5
1:40
1:10
新保コース
39-3
熊の平
416
753
775
ササユリ
0:15
800
ブナ林
急坂
滝見尾根コース分岐
39-6
杉の植林地
滝見尾根コース
五葉松が多い
1153
1:00
0:40
0:25
900
39-8
849
1:40
2:10
725
冷水の頭
38-7
急坂
炭焼釜跡
サンカヨウ、エンレイソウ
1000
1300
1200
1100
大日山
39-7
1368
白山などの
山々の展望
962
小松市
ササ原、
カタクリ
0:40
0:35
753
791
38-6
かたごが原
1312
加賀甲
892
急坂
742
大日峠
955
1012
1287
1320
越前甲
(越前大日山)
福井県
勝山市
416
822
690
824
944
N
0
500m
1:30,000
881
794
八反滝
勝山へ

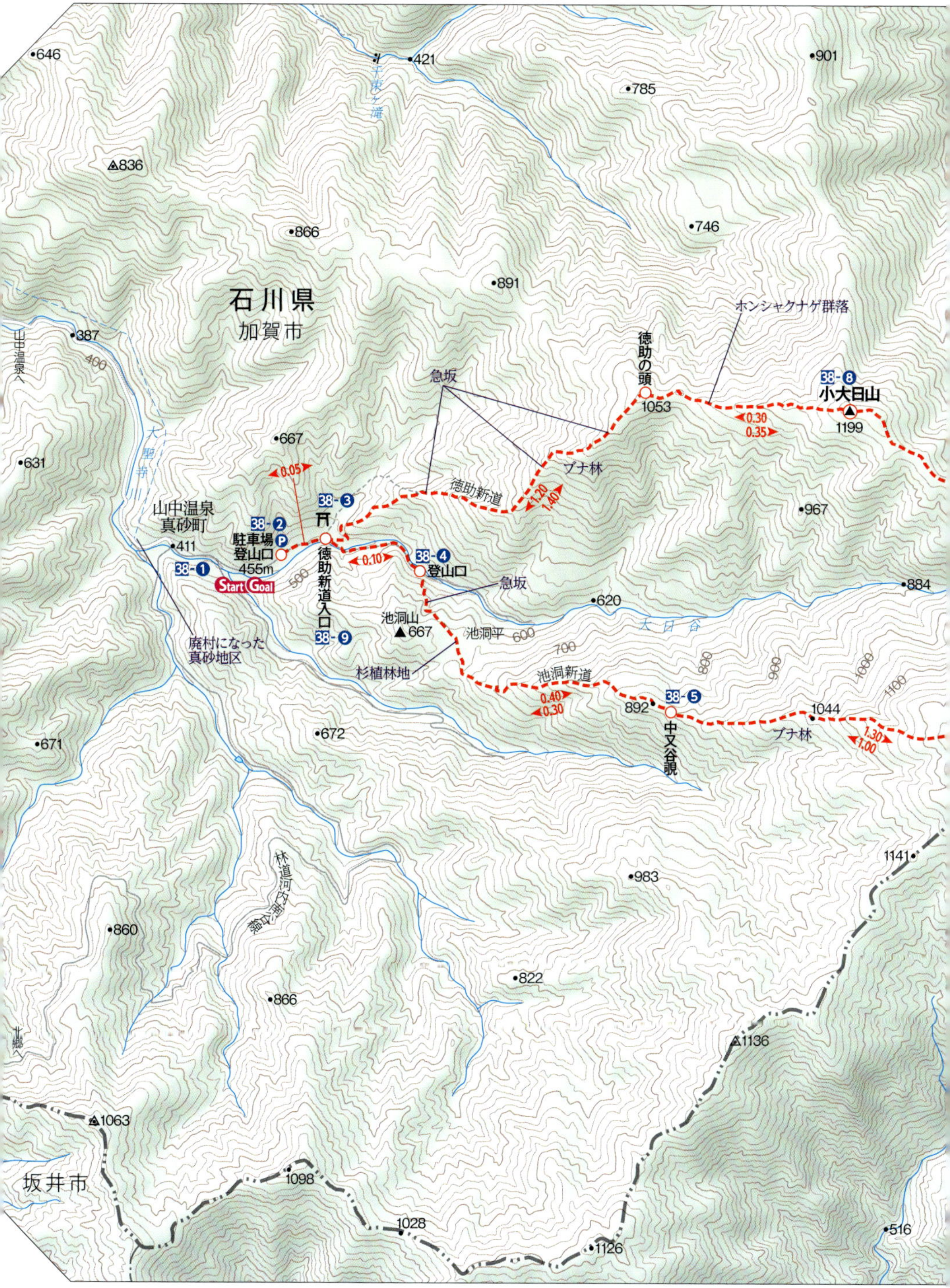
石川県
加賀市
坂井市
山中温泉へ
北郷へ
大聖寺川
千束ヶ滝
山中温泉
真砂町
廃村になった
真砂地区
38-1
Start Goal
38-2
駐車場
登山口
455m
38-3
徳助新道入口
38-9
0.05
0.10
38-4
登山口
急坂
池洞山
667
池洞平
杉植林地
池洞新道
0.40
0.30
892
38-5
中又谷覗
ブナ林
1044
1.30
1.00
徳助新道
1.20
1.40
ブナ林
急坂
徳助の頭
1053
ホンシャクナゲ群落
0.30
0.35
38-8
小大日山
1199
大日谷
林道河内大日線
646
421
901
785
836
866
746
891
387
667
631
411
967
620
884
672
671
1141
983
860
822
866
1136
1063
1098
1028
1126
516
400
500
600
700
800
900
1000
1100

40

県民の森

雄大な山並み、加賀平野、日本海を一望する

けんみんのもり 560m（ナラノキ台）

日帰り

歩行時間＝2時間35分
歩行距離＝5・7km

技術度

体力度

コース定数＝**12**	
標高差＝245m	
累積標高差	501m
	501m

深谷山山頂から大日山方面を望む

展望台から大日山を望む

県民の森は、昭和49年、県民が森林のもつすぐれた自然環境に触れ合うなど、保健休養の場として整備された。園内の清流、杉《すぎ》ノ水《みず》川にはイワナなど渓流の魚が見られ、樹齢100年を超える杉の美林やケヤキ、サワグルミなど渓畔林が織りなす調和が美しく、昭和61年には「森林浴の森日本100選」にも選定されている。バーベキュー設備、ログハウス、バンガローなどもあり、夏期を中心にファミリーなどでにぎわう。

遊歩道が整備された、代表的なパノラマコース（約3・3キロ）と立杉峠、展望台をめぐるコースを歩いてみよう。**駐車場**から場内道路を進

■鉄道・バス
往路・復路＝利用できる公共交通機関はない。タクシーは山中温泉から。

■マイカー
登山口は41蟹ノ目山登山口のさらに杉ノ水川の上流にあるので、次項と同じ経路の場合は約34キロ。北陸自動車道片山津ICからはほかに県道20号、39号、145号、39号、153号で荒谷地区を経て、立杉峠を越えて森林公園登山口へ。約26キロの距離。

森林公園内にはバンガローなどの各種野外施設が点在している

■登山適期
春の花のシーズンから秋まで、いずれのシーズンでも可能である。

■アドバイス
▽立杉峠への道沿いにある東谷地区の4集落は、加賀東谷伝統的建造物保存地区に指定されている。加賀地方に見られる前広間型の間取りをもつ2階建ての切妻造り妻入り、屋根と庇が赤褐色の桟瓦で葺かれている。

■問合せ先
加賀市役所山中温泉支所☎0761・78・1111

■2万5000分ノ1地形図
山中

み、上新保橋《かみしんぼ》とかじか橋を渡り、森林浴センター脇からコースに入る。杉の植林地内を緩いジグザグ登りが続き、古い寺の参道のような道が続く。しだいに高度を上げ、杉林がつきると雑木林となる。尾根に出て階段を登ると**ナラノキ台**。大きなアカマツがあり、南方向の展望がきく。

斧入《おの》らずの森からミズナラやブナの林の中に遊歩道が続く。少し下ると刈り払った広場に3等三角点がある。三角点名が「深谷」であるところから「深谷山」の呼称もある。ここからは加賀市《かが》や大日山《だいにちさん》方面の展望がきく。さらに下るとあずまやがあり、急な階段の下りとなる。

水車小屋へ下るコースとの分岐を右折し、立杉峠《たてすぎとうげ》へ向かう。峠から道路を渡り、砂利の敷かれた林道を進むと、しばらくで右手に急な山道がある。これを登りきると広場の真ん中に**展望台**があり、白山をはじめとする雄大な眺めが楽しめる。立杉峠から車道を歩いて**駐車場**へ戻る。

（元藤映了）

サブコース
なら林散策コース

急な登りはあるが、距離も短く、森林浴には最適なコースだ。上新保橋を渡った先に入口があり、郷土資料館、中央広場へ下る小一時間のコースである。

CHECK POINT

1 県民の森管理事務所前の駐車場に車を停めて出発する

2 ランドマークの水車小屋前を通って上新保橋を渡る

3 かじか橋を渡って再度右岸に移り、登山道に入る

4 パノラマコース登り口。杉の植林地をジグザグに登っていく

5 「深谷」の点名のある三角点峰。周囲が刈り払われ、展望もある

6 立杉峠先の広場にはコンクリート製の展望台が建っている

41 樹種多く、花も展望も楽しみな江沼山塊の一山

蟹ノ目山

がんのめやま 689m

日帰り

歩行時間＝4時間50分
歩行距離＝6・4㎞

技術度

体力度

コース定数	＝18
標高差	＝448m
累積標高差	↗679m ↘679m

加賀市勅使地区から見る台形状の蟹ノ目山全景

背後に白山を遠望する

『日本百名山』の著者・深田久弥が、江沼《えぬま》山塊の主要な山を紹介している。その中で、蟹ノ目山については、山頂付近の2本の木を「蟹の目」に見立てての命名としている。登山コースは荒谷《あらたに》地区からの登山が一般的だが、地元山岳会の手で、南側の市《いち》の谷《たに》地区から周回できるコースが整備された。このコースを紹介しよう。

登山口から市の谷地区の八幡神社の参道を進み、社殿の手前で右折、杉林の中を進む。すぐにロープが張られたつま先登りの急坂となる。杉林が途絶えると、雑木林の中にツバキが群生している。急登はなおも続き、ようやく傾斜が緩んできたあたりのカーブでうしろを振り向くと白山《はくさん》が展望できる。

尾根は緩やかになり、左手に**きこの池**がある。さらに緩い尾根歩きが続き、ナツツバキの大木が目立つ。木の間越しに谷をはさんで蟹ノ目山山頂も見える。

ひと登りで小ピークに出て、少し下ると中間地点の標識がある。**ゆらの池**をすぎるとブナの木も目立ちはじめ、杉水峠からのコースとの合流地点の右手に白山の展望台がある。さらに進むと狭い尾根となり、時折木々の間から白山、反対方向には日本海まで見える場所がある。

かつての集落の交流に利用されていた**荒谷越**から左折、急なすべりやすい斜面を下りきり、鞍部からは緩い登りが山頂まで続く。トクワカソウの群落やナツツバキの大木がある。**蟹ノ目山**山頂は白山方面と加賀《かが》市街地方面の2方向に開かれている。

下山は大平《おおだいら》尾根を少し下ると市の谷への分岐があり、しばらくは急な下りだが、そのうちに小さなアップダウンの尾根歩きとなり、ブナも散見される。

616㍍ピークをすぎると中間地点の標識があり、木の間越しに

■鉄道・バス
往路・復路＝利用できる公共交通機関はない。タクシーを利用するなら山中温泉から。

■マイカー
北陸自動車道片山津ICから県道20号、39号、147号、11号などで山中温泉を経て、国道364号を南下、我谷ダムで左折して県道153号に入り、登山口へ。片山津ICから約30㌔。

■登山適期
春から秋までいずれのシーズンでも登山可能。

笈ヶ岳《おいずるたけ》や大笠山《おおがさやま》が遠望できる。急な下りとなり、ロープも張られている。階段が刻まれているわけではないのですべりやすい。要注意だ。

杉林の中に入ると下山口は近い。舗装された作業道に下り立ち、ゲート脇から県道へ出て**登山口**に戻る。

（元藤映了）

CHECK POINT

八幡神社手前で右折して登っていく

中間地点の標識をすぎるとゆらの池に出合う

杉水峠分岐。右に行くと白山の展望台がある

鞍部からの緩傾斜の登り坂にナツツバキの大木が群生する

蟹ノ目山山頂。切り開きの先に大日山や白山が望める

616㍍峰の先でロープが張られた急斜面を下る

■アドバイス

▽整備されてから日が浅いので、踏みこまれたコースではないが、要所に案内標識があり、ロープも張られている。

▽北山麓の荒谷からは石楠花コースから大平尾根コースを周回するコースがあり、荒谷地区の東谷生活改善センターが起点となる。マイカー利用が一般的で、生活改善センターに駐車できる。林道猪ノ谷線を約2㌔入った場所が両コースの登山口。石楠花コースはトクワカソウの群落が広がり、山頂近くでホンシャクナゲの群落が見られる。生活改善センターから約2時間の行程。大平尾根コースはナツツバキが目立つ。登りにとった場合、所用約2時間。

■問合せ先

加賀市役所山中温泉支所☎0761・78・1111

■2万5000分ノ1地形図

山中

42 高倉山

たかくらやま
836m

ブナとシャクナゲに覆われた登り一辺倒の急峻な山

日帰り

歩行時間＝4時間20分
歩行距離＝8・5km

技術度

体力度

コース定数＝**18**	
標高差＝619m	
累積標高差	↗ 708m
	↘ 708m

←古九谷大橋付近から見る高倉山の全景

←高倉山山頂から大日山を望む

山中《やまなか》温泉の奥、福井県との県境近くにあって、次項の43菅倉山《すげくらやま》同様、最近登山道が整備された山だ。ホンシャクナゲの群落に続くブナ林がみごとである。登山道はかつて存在した山仕事の道を整備したもので、直登に近く、つま先立ち登りが連続する。

古九谷《こくたに》釜跡近くの**駐車場**を起点に真砂《まなご》地区の手前で、左手に入る林道分岐にゲートがある。橋を2回渡った先が**登山口**で、右手の杉林に向かって登山道がのびる。杉林をすぎるとすぐに雑木林の中の急登となり、ロープが張られている。

尾根伝いに道は続き、途中「悪魔の手」とよばれる

■**鉄道・バス**

往路・復路＝利用できる公共交通機関はない。タクシーを利用するなら山中温泉から。

■**マイカー**

登山口は北陸自動車道片山津ICから県道20号、39号、147号、11号などで山中温泉を経て、国道364号を南下、我谷ダムで左折して県道153号で登山口へ。片山津ICから約28・5キロ。

■**登山適期**

ホンシャクナゲが咲く5月初旬から中旬がベスト。このころはブナの新緑やトクワカソウも見ごろとなる。

■**アドバイス**

▽まさに登り一辺倒のコースなのでペース配分に注意したい。

▽大聖寺川の上流、古九谷窯跡近くの古九谷大橋のたもとにトイレも設置された休憩舎があり、駐車も可能。

▽道の駅「山中温泉ゆけむり健康村」に入浴施設がある。

■**問合せ先**

加賀市役所山中温泉支所☎0761・78・1111

■**2万5000分ノ1地形図**

山中

木のコブに驚かされる。木の枝を握っている無骨な手に見えるが、このコースを整備した人が名づけたのだそうだ。

ひと登りでホンシャクナゲが現れる。尾根伝いに密度の濃い群落を形成しており、県内随一ともいえる規模である。

急登の合間にわずかな平坦地もあり、ホッとする。ブナ林の中に登りが続き、傾斜が緩んだところでブナの大木、その幹に残るクマの爪痕が出迎えてくれる。

やがて細い尾根続きとなり、大きなテラス岩の上にもホンシャクナゲが咲く。そして落雷で幹が裂かれても大きく育ったミズナラの木に木札が下がり、「身を裂かれても生きる試練の木」と記されている。

裂け目の間を抜けて、最後の急坂を登りきると**高倉山**山頂だ。伐開されていて、足もとにトクワカソウが群生する。北方向に鞍掛山《くらかけやま》を見下ろし、遠く日本海も望見できる。南方向には大日山《だいにちざん》や加越《かえつ》国境の山並みが望める。

下山は往路を戻る。（元藤映了）

CHECK POINT

古九谷窯跡近くの駐車場から約2.6キロの登山口を右に入る

杉林から雑木林になるとロープの張られた急坂がはじまる

「悪魔の手」と名づけられた自然がつくりあげた造形物

ブナ林の中、しばらくは急斜面を登っていく

細尾根になるとホンシャクナゲも咲くテラス岩に出合う

伐開されて鞍掛山や白山などの展望が広がる高倉山山頂

43 菅倉山

すげくらやま 924m

福井県境にあり、シャクナゲに覆われた山

日帰り

歩行時間＝5時間05分
歩行距離＝7.9km

技術度
体力度

コース定数＝20
標高差＝707m
累積標高差 ↗797m ↘797m

山頂付近から雪の白山を遠望する

山頂のシャクナゲ。背景は大日山

山中《やまなか》温泉の奥、福井県との県境に位置し、最近登山道が整備された山だ。前項の42高倉山同様、ホンシャクナゲの群落が数箇所あり、ブナ林もみごと。途中から白山《はくさん》の展望も開ける。コース中にこれといったポイントがなく、目印となるピークには木の枝に標高と登山口からの距離を記した小さな案内板が下がっているだけだ。

古九谷《こくたに》大橋の左岸にトイレつきの休憩舎、駐車場が整備されている。その向かい側に**登山口**がある。薄暗い杉林の中を進むと、右手に送電線鉄塔への巡視路を分けて、左へ折れる。ステップもなく、すべりやすい斜面をロープを頼りに登りきるとブナ林となる。幅広い尾根から小さなコブに立つと視界が開ける。平坦な尾根にはトクワカソウが広がる。

1キロ地点から東に高倉山《たかくらやま》、北に蟹《がん》ノ目《め》山《やま》、西に九谷ダムの湖面を展望する。**583メートルのピーク**では東方面が開けている。ナツツバキの大木が立つ緩い登りの木立の下に中間地点の標識が立つ。平らなブナ林の中、緩い登りが続き、701メートルピークの先でホンシャクナゲの群落に出会う。群落はこのあと数箇所で見ることができる。

平らなブナ林の尾根が続き、鞍部あたりでは富士写《ふじしゃ》ヶ岳《たけ》を横から見ることになるが、美しいコニーデ型ではなく、こんもりとした山容をしている。

■鉄道・バス
往路・復路＝経路は前項と同じ。42高倉山（120ページ）を参照。

■マイカー
駐車地点は前項と同じ場所なので、42高倉山（120ページ）を参照。

■登山適期
シャクナゲが咲く5月初旬から中旬がベスト。このころにはブナの新緑やトクワカソウも見ごろ。

■アドバイス
▽登山口は大聖寺川の上流、古九谷窯跡に近く、古九谷橋のたもとに休憩舎があり、トイレ、駐車可能。

きれいな休憩舎。左手奥が登山口

▽道の駅「山中温泉ゆけむり健康村」で入浴可能。

■問合せ先
加賀市役所山中温泉支所☎0761・78・1111

■2万5000分ノ1地形図
山中

いくつかのアップダウンののち、大きなブナ林に入る。やせ尾根か

らロープが張られた急坂を登りきると**802メートルピーク**で、左手かなたに白山が遠望できる。

ホンシャクナゲのあるやせ尾根を登りきると東西に細長い山頂の一角に出る。しばらくはササやぶに囲まれた水平道で、足もとにはトクワカソウの群落が続く。最後に窪みへ下って登り返すことになるが、この窪みでは強風の影響か、いじけたブナが多い。

登り返すと3等三角点のある**菅倉山**山頂だ。広く伐開されていて、周囲のササやぶに混じって多数のホンシャクナゲが咲く。県境の山頂であり、福井県側を見ると、谷の向こうの浄法寺山《じょうほうじやま》や冠山《かんむりやま》が真近い。加賀《かが》の山の盟主である大日《だいにち》山《ざん》も展望できる。

下山は往路を戻る。（元藤映了）

CHECK POINT

古九谷大橋手前の登山口から杉林の中を登る

▼

登山口から1キロ付近にある巨大なミズナラ

▼

583メートルピーク。この先にホンシャクナゲの群落がある

▼

尾根を登り下りしていくと大きなブナ林に入る

▼

山頂手前の窪地ではいじけたブナ林が見られる

▼

県境の菅倉山山頂からは福井の山も近くに見える

生け花のようなシャクナゲ

44

養老年間以来の十一面観音信仰の山

寺尾観音山

てらおかんのんやま 228m

日帰り

歩行時間＝4時間40分
歩行距離＝10・9km

技術度

体力度

コース定数＝15

標高差＝219m

累積標高差 ↗360m ↘360m

谷の奥に観音山が見える

加賀《かが》市大聖《だいしょうじ》寺から南へ2キロほど奥の曽宇《そう》町にある里山だ。曽宇川の源流域にあたり、山頂直下に寺尾観音の堂宇が建ち、十一面観音像が祀られている。町の守護仏として信仰を集めており、観音堂一帯や登山道はよく整備されている。観音堂前には石灯籠や狛犬が奉納されており、その観音堂をめぐるように石仏が配置されていて、神仏混交時代の名残りが見られる。武蔵国《むさしのくに》・箕輪《みのわ》の僧の伝説が伝わり、33年ごとのご開帳は、最近では平成15年に行われた。

山頂の一隅には観音寺ゆかりの箕輪の僧の像が立っている

JR大聖寺駅から曽宇町の狭い道を通り抜け、林道をしばらく進むと広い駐車場があり、ここが**登山口**だ。寺尾観音の由来を記した看板や「十一面千手観音菩薩《せんじゅかんのんぼさつ》」と彫られた石柱が立ち、杖も準備されていて心強い。

杉林の中にのびる幅広い山道は、いきなりの急登でジグザグを繰り返すと平坦地になる。登りきった左手、岩の上に「石川県十名勝地」と刻まれた石柱が立っている。昭和4（1929）年に新愛知新聞の読者人気投票により選定されたものだ。行楽の少ない当時の楽しみは、山遊びと観音さんへの参詣であったことがよくうかがえる。

そのあとは、だらだらした登りが続き、桧や杉の植林地や、松の落ち葉などを踏んでいく。尾根が左カーブするあたりからしだいに勾配が増す。山頂手前ではジグザグ登りとなり、**観音堂**境内に達する。雑木や下草さえも生えないほどに整備されていて、西の方向には大聖寺方面、その向こうに日本海も望める。

観音堂の右手裏の雑木林の中、ササ原に道が続き、しばらくで**寺尾観音山**山頂に登り着く。3等三

■**鉄道・バス**

往路・復路＝JR北陸本線大聖寺駅が最寄り駅。三谷地区に入る路線バスはないので、徒歩で登山口へ。タクシーは大聖寺駅から20分ほど。

■**マイカー**

北陸自動車道加賀ICから国道8号、県道142号などで約6・5キロ。大聖寺駅からは約4・5キロ。登り口にある駐車場は20台ほど駐車可能。

■**登山適期**

標高が低く、観音堂まではよく整備されているので、無雪期ならいつでも登山可能。石仏の並ぶ観音堂周辺は展望もきき、シーズンにこだわることなく、短時間で手軽に楽しめる。

■**アドバイス**

角点があるが、丈の高い立木に覆われ展望はきかない。春にはシュンラン、ショウジョウバカマ、山桜、ツバキ、スミレなどの花を見ることができる。下山は往路を戻る。（元藤映了）

CHECK POINT

「寺尾観音山登り口」の石標が立つ登山口。杖も用意されている

登山道に入ってすぐに出合う「石川県十名勝地」の石碑

山頂の一角にある観音堂。アカマツやカエデの高木に囲まれている

観音堂先の小道に入って高みを目指すと寺尾観音山山頂だ

▽観音堂から山頂までは刈り払いの状況によりコースが不明瞭な場合があり、注意が必要。

▽観音堂は間口4間（約7メートル）、奥行き5間（約9メートル）、瓦葺きの建物だ。養老元（717）年に武蔵国の箕輪から来た僧が地元の人と力を合わせ、寺尾山を拓いて観音堂を建立した。のちに大聖寺藩主・前田家の祈願所として多額の浄財を寄進された。

地元の手厚い保護を得て、いつも清掃が行き届いている観音堂

▽曽宇の集落に入る手前に、「寺尾観音由来の記」が立っている。松が植えられ、柵で囲われている。観音像を奉持した僧が憩った場所と伝えられ、近くの川にかかる橋は「曽宇箕輪橋」と名づけられている。

▽三谷地区に加賀三谷温泉がある。歓楽街である加賀温泉郷と異なり、ひなびた温泉で、直下地区に旅館が1軒、直下と日谷地区にそれぞれ共同浴場がある。夕方から開いている。

■問合せ先
加賀市役所観光交流課☎0761・72・7905

■2万5000分ノ1地形図
大聖寺

45

水無山

いで湯の里、山中温泉を眼下にする展望コース

みずなしやま　349m
（最高地点＝355m）

日帰り

歩行時間＝4時間20分
歩行距離＝6・7km

技術度
体力度

コース定数＝15
標高差＝293m
累積標高差　446m　446m

山中《やまなか》温泉の西にそびえている。かつてはロープウェイがかかり、スキー場や遊園地、ミニ動物園もあったが、現在は展望施設のみが残っている。山頂からの山中温泉街や富士写《ふじしゃ》ヶ岳《だけ》の展望は抜群である。

山中温泉バスターミナルから総湯の脇を抜けて高みを目指し、**医《い》王寺《おうじ》**境内が登山口だ。三十三観音めぐりのジグザグ道を登り、尾根に出ると送電線と大きな地蔵が出迎えてくれる。ここから先はジグザグ登りが続き、東側はシイの木の自然林が広がり、西側は雑木林である。

水無山山頂から富士写ヶ岳を展望

桂木《かつらぎ》町からの道に合流し、さらに進むと古びた展望台が見えてくる。スキー場と遊園地の跡だ。60年も経つのに展望施設は構造もしっかりしていて、手すりも頼りになる。最上階からの展望はすばらしく、日本海、小松ドームの白い屋根、間近に鞍掛山《くらかけやま》の双耳峰、富士写ヶ岳、大日山《だいにちざん》が指呼の間で、遠く白山《はくさん》も展望できる。

展望台からしばらくで**水無山**山頂に着く。2つのアンテナが立ち、南方向が開けている。眼下に山中温泉の街並みを見下ろし、その向こうに富士写ヶ岳がデンと構えている。

下山は反対方向へ向かう。緩やかなアップダウンの末に、最高地点からは急下降となり、やがて大きな岩だらけの尾根を下る。足も

■鉄道・バス
往路・復路＝JR北陸本線加賀温泉駅から加賀温泉バスを利用、山中温泉バスターミナル下車。所要約30分。

■マイカー
北陸自動車道片山津ICから県道20号、39号、147号、11号などを走り、約16㌔。片山津温泉駅からは約9㌔。道の駅に駐車して周回するとよい。

■登山適期
4月から11月まで。夏の暑さをがまんすれば、いずれの季節も登山に適している。秋は紅葉が美しい。

■アドバイス
▽医王寺は山中温泉を開湯した行基ゆかりの寺で、水無山とともに山中温泉の名勝のひとつ。「山中十二景」に選ばれている。
▽山中温泉の名所にこおろぎ橋がある。大聖寺川の鶴仙渓にかかる桧造りの橋で、ここから黒谷橋まで渓流沿いに遊歩道がある。
▽松尾芭蕉は、「奥の細道」の道中9日間も山中温泉に滞在した。「山中は菊はたおらぬ湯のにおい」のほか、多くの句を残している。
▽水無山は山中小学校の校歌に歌われ、多くの町民に親しまれており、春先には大人から幼稚園児まで有志による清掃登山が行われる。
▽天狗岩は天狗の面に似た岩で、自然の神秘を感じる。この山には天狗

CHECK POINT

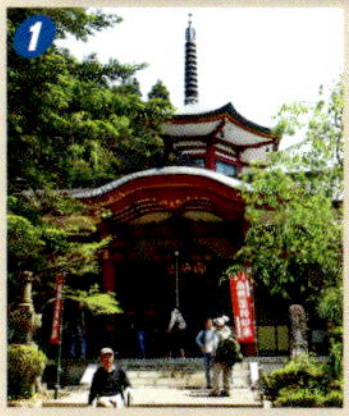

登山口となる医王寺。行基の創建とつたわる山中温泉の守護寺だ

尾根に出ると、シイノキなどの雑木林の中の登りが続く

2本のアンテナが立つ水無山山頂。富士写ヶ岳が大きく見える

天狗岩を真横に見ながら下山路を行く

岩混じりの尾根道を下っていく。足もとに注意

送電線の鉄塔からは送電線の下に続く登山道を下っていく

とに注意したい。左手の山腹には奇岩の天狗岩《てんぐいわ》も見えている。鉄塔から送電線の下に続く尾根を下り、さらに杉の植林地の急斜面を下って林道に出る。あとは**国道**に出て、**道の駅「山中温泉ゆけむり健康村」**から温泉街を抜け、**山中温泉バスターミナル**へ戻る。（元藤映了）

山麓から見る水無山

天楽を舞う天狗伝説を残す天狗岩

が群集し、天楽を奏でて舞踏するという伝承がある。▽山中温泉には旅館やホテルが多い。日帰り入浴施設として総湯・菊乃湯や、ゆけむり健康村ゆ〜ゆ〜館がある。

■問合せ先 加賀市山中温泉支所☎0761・78・1111、加賀温泉バス☎0761・77・3080、山中温泉観光協会☎0761・78・0330

■2万5000分ノ1地形図 大聖寺・越前中川・山中

46 富士写ヶ岳

優美な山容とシャクナゲの山

ふじしゃがたけ
942m

日帰り

Ⓐ大内起点の周回登山　歩行時間＝5時間10分　歩行距離＝9.2㎞　技術度　体力度

Ⓑ我谷コースを登り枯淵へ　歩行時間＝4時間40分　歩行距離＝9.3㎞　技術度　体力度

コース定数＝Ⓐ24Ⓑ22

標高差＝Ⓐ685mⒷ779m

累積標高差　Ⓐ↗1082m↘1082m　Ⓑ↗1050m↘1050m

近づいた富士写ヶ岳

山中《やまなか》温泉や加賀《かが》平野からは、その形からすぐに指摘できる山である。山中温泉の南にそびえ、加賀市あたりから見ると富士山型の美しい形をしている。『日本百名山』の著者・深田久弥が最初に登った山としても知られている。標高500メートルを超えるいずれの尾根にもホンシャクナゲの群落があり、5月の連休前後はこれを目当ての登山者でにぎわう。近年、小倉谷山《おぐらたにやま》から富士写ヶ岳間に「ふわく新道」が整備され、回遊できるようになった。

Ⓐ大内起点の周回登山

廃村となった**大内《おおうち》集落跡**から、南方向に登山道がある。白山《はくさん》神社の前から「火燈《ひともし》古道」の標識にしたがって峠道をたどると、「大内峠」と刻まれた石柱と地蔵が出迎えてくれる。直角に左へ曲がり、福井との県境尾根をたどる。**鉄塔**をすぎ、しばらくして振り向くと福井平野の展望が開けてくる。また、登山道脇にはお目当てのホンシャクナゲの群落が目を楽しませてくれる。

狭い**火燈山《ひともしやま》**山頂を越え、少し下って登り返すと**小倉谷山**山頂に着く。3等三角点があり、山頂からの展望はよく、白山をはじめ、大日山《だいにちざん》や浄法寺山《じょうほうじやま》など加越《かえつ》国境の山々、福井平野、北潟湖《きたがたこ》から小松《こまつ》平野までも見わたすことができ、その向こうに日本海も見えている。

「ふわく新道」沿いにはタムシバ、サイゴクミツバツツジなどもよく見られる。尾根をたどっていくと、3つのコブをすぎ、県境を離れると下りとなる。富士写ヶ岳を正面に見て緩い下りやロープが張られた急な箇所もあり、慎重に下りたい。

鞍部からは厳しい登り返しが待っている。登り着いた**富士写ヶ岳**山頂は展望がよく、存在感のある1等三角点が立っている。

■鉄道・バス

往路・復路＝JR北陸本線加賀温泉駅から加賀温泉バスで山中温泉経由栢野へ。栢野から登山口まで5キロあるので、山中温泉からタクシーを利用するとよい。加賀温泉駅からはレンタカーも利用できる。

■マイカー

北陸自動車道加賀ICまたは片山津ICから山中温泉へ。国道364号を福井県永平寺方面へ向かうと我谷ダムに出る。石川県県民の森方面へ左折するとすぐに我谷登山口がある。分散しているが、県道沿いに駐車スペースがある。片山津ICから約21キロ。枯淵登山口へは、県道を直進、九谷ダムの堰堤を渡り左折する。登山口手前に駐車スペースがある。片山津ICから約24キロ。大内登山口は、我谷ダムから国道364号線を福井県永平寺方面に向かい、県境の丸岡・山中トンネルの手前で左手の旧道に入る。大内峠手前左側に登山口を示す標識が立っており、反対側に広い駐車場がある。片山津ICから約24キロ。

■登山適期

富士写ヶ岳山頂にはゆかりのある深田久弥氏のレリーフがある

大内コースから小倉谷山、火燈山を望む

山頂から大内への下りは、集落跡めがけての急な下りの連続である。この尾根にもホンシャクナゲが多い。途中、谷をはさんで歩いてきた小倉谷山の斜面を望むことができる。急なジグザグ道を下って林道に下り立ち、橋を渡って**大内集落跡**へ戻る。

（元藤映了）

Ⓑ我谷コースを登り枯渕へ

山中温泉の奥、我谷《わがたに》ダム湖にかかる赤い**我谷吊橋**を渡り、右に折れてしばらく進むと登山口の標柱がある。

急な斜面を登り尾根に取り付く。この山の他のコースと同様に急登箇所が多いが、その分、高度はどんどん上がり、振り向くたびにダム湖が小さくなる。ひと息つきたいと思うころに送電線の鉄塔に出る。

送電線巡視路を右にして登山道を進む。息があがるような急登と息を整えることができる緩やかな登りが繰り返される。足場の悪い急斜面にはロープがつけられている。トクワカソウやカタクリなどが花をつけるミズナラ林を抜け、柔らかな木漏れ日が心地よいブナ林に入る。

またも現れた急坂を登りきると見晴らしのよい**661メートル地点**に出る。ホンシャクナゲが咲き誇り、目の前に現れた前山《まえやま》とよい構図になっている。ほんのしばらくだがハミングしたくなる尾根道が続く。

再びブナ林に入り、つま先上がりの急登をひとがんばりすると、ほどなく左方から枯渕《かれふち》コースと合流する。右に折れればすぐに**富士写ヶ岳**山頂だ。広い山頂だが、シャクナゲシーズンには大混雑になる。1等三角点と深田久弥のレリーフが刻まれた方位盤があり、眺望は最高で、白山はもちろん、大日山をはじめとする南加賀の山々、2つの峰が特徴的な福井の丈競《たけくらべ》

4月下旬から5月初旬にかけてのホンシャクナゲ開花期がベスト、10月から11月にかけての紅葉の季節もよい。

■アドバイス

▽トイレは枯渕登山口は九谷ダム、大内登山口は廃村跡の簡易トイレを利用できる。我谷登山口にはないので、あらかじめ道の駅「山中温泉ゆけむり健康村」を利用しておくとよい。

▽各コースとも尾根歩きなので、途中水場はない。あらかじめ準備しておくこと。

▽日帰り入浴施設は、山中温泉総湯菊乃湯やゆけむり健康村ゆ〜ゆ〜館がある。

■問合せ先

加賀市山中温泉支所☎0761・78・1111、山中温泉観光協会☎0761・78・0330、加賀温泉バス☎0761・77・3080、トヨタレンタカー加賀温泉駅前店☎0761・73・0100、第一交通☎0761・73・0111

■2万5000分ノ1地形図

大聖寺・越前中川・山中

山《やま》、緑濃い越前《えちぜん》や加賀の平野部、日本海が遠望され、登ってきた厳しさも忘れてしまう。

下山は枯淵《かれふち》コースをとる。登ってきた道を戻り、我谷コースへの分岐を通過して**前山**に着く。小さな石仏が祀られた祠と深田久弥の詩碑がある。このコースも急な箇所が多いが、随所にロープが下げられており、足もとを確保しながら歩こう。ホンシャクナゲはこの尾根でも方々に群落をつくっている。

時おり見えるダム湖は九谷《くたに》ダムだ。ミズナラ林に入り、下り続けると、左の谷沿いに下る旧枯淵コースと、九谷焼きの色彩に因んで名づけられた五彩《ごさい》尾根上のコースに分かれる。広い尾根を下っていくと、やがて薄暗い杉の植林地に入る。右に転じて水平道を100《メートル》ほど歩き、最後は急なコンクリート階段を下ると**枯淵登山口**に着く。

（曽谷正俊）

シャクナゲ咲く道は富士写ヶ岳最大の魅力

CHECK POINT — Ⓐ大内起点の周回登山

1 にぎわう登山口。駐車場やトイレもある

2 大内峠の石地蔵と石柱。ここで左に曲がり県境尾根を行く

3 ホンシャクナゲの花を楽しみながら狭い火燈山山頂に立つ

4 小倉谷山山頂では白山など周囲の山々や日本海も望める

5 富士写ヶ岳山頂。りっぱな1等三角点が立っている

6 大内コースを下り、大内集落跡へ戻っていく

CHECK POINT — Ⓑ我谷コースを登り枯淵へ

1 我谷吊橋を渡って我谷コースに入っていく

2 ブナ林の尾根に登山道が続く

3 枯淵コースと出合う頂上手前分岐を左に

4 紅葉が美しい秋深まるころの五彩尾根コース

5 五彩尾根と旧道分岐付近。右の五彩尾根を下っていこう

6 急な階段を枯淵登山口に下り着く。左に出発点に戻る

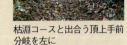

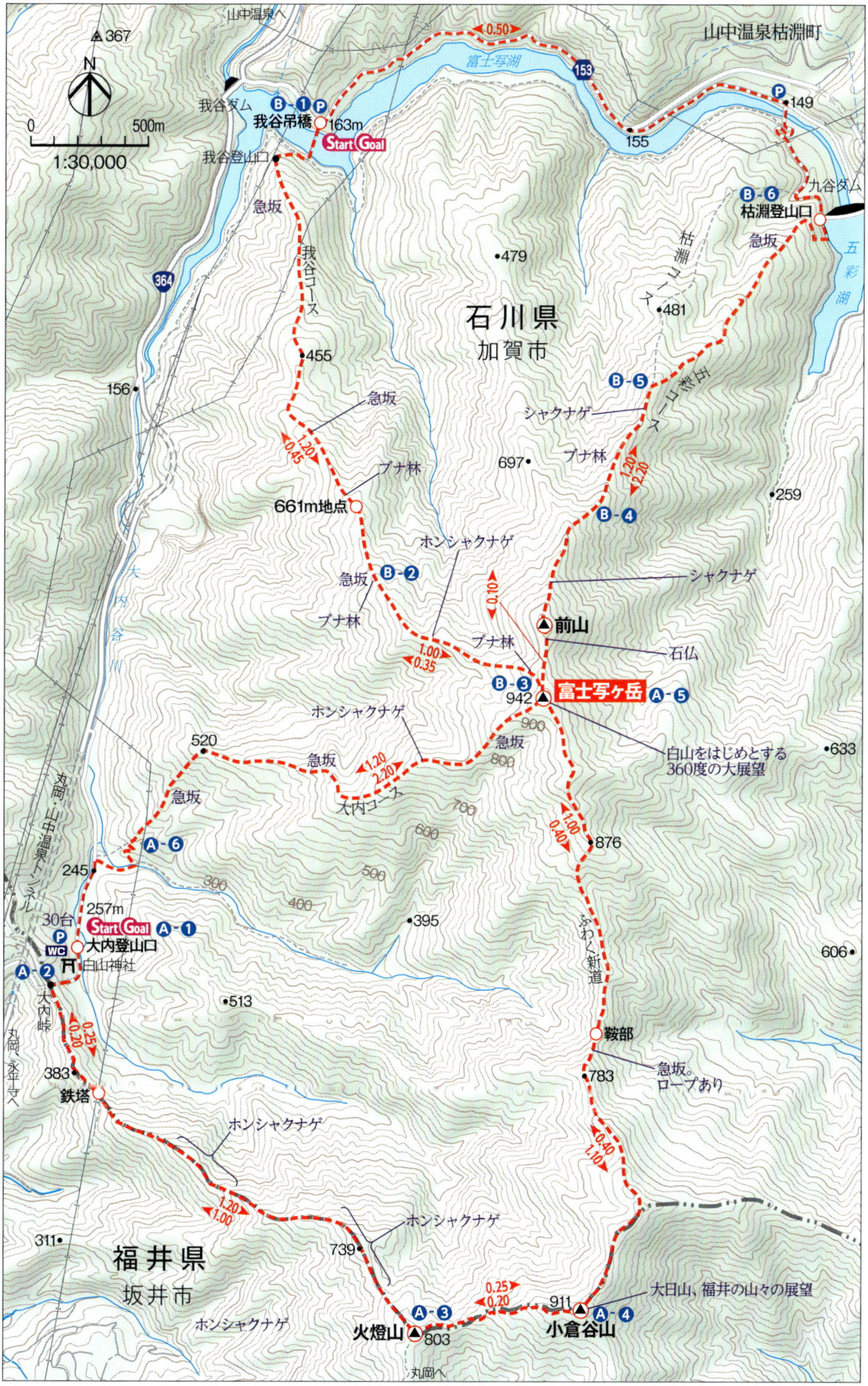
山中温泉へ
367
0.50
山中温泉枯淵町
富士写湖
153
我谷ダム
B-1 P
我谷吊橋
163m
Start Goal
149
155
0 500m
1:30,000
我谷登山口
九谷ダム
急坂
B-6
枯淵登山口
急坂
我谷コース
479
枯淵コース
五彩湖
364
石川県
加賀市
481
455
B-5
五彩コース
156
急坂
シャクナゲ
1.20 0.45
697
ブナ林
ブナ林
1.20 2.20
259
661m地点
B-4
ホンシャクナゲ
急坂
B-2
シャクナゲ
ブナ林
0.10
前山
大内谷川
ブナ林
石仏
1.00 0.35
B-3
富士写ヶ岳
A-5
942
900
ホンシャクナゲ
急坂
520
急坂
白山をはじめとする
360度の大展望
633
急坂
1.20 2.20
800
丸岡・山中温泉トンネル
大内コース
急坂
700
1.00 0.40
A-6
600
876
245
300
500
400
257m
30台
Start Goal
A-1
395
P
WC
大内登山口
ふわく新道
606
白山神社
A-2
513
大内峠
0.25 0.20
鞍部
丸岡、永平寺へ
383
急坂。
ロープあり
783
鉄塔
ホンシャクナゲ
0.40 1.10
1.20 1.00
ホンシャクナゲ
311
739
福井県
坂井市
0.25 0.20
大日山、福井の山々の展望
911
A-3
A-4
ホンシャクナゲ
火燈山
803
小倉谷山
丸岡へ

曽々木海岸から見た岩倉山

千体地蔵展望台からの曽々木海岸の眺望

47 奇岩の曽々木海岸から石仏や古刹をめぐる山歩き

岩倉山

いわくらやま 357m

日帰り

歩行時間＝2時間40分
歩行距離＝5・2km

技術度
体力度

コース定数＝**11**

標高差＝353m

累積標高差 477m 473m

　国の名勝、天然記念物の曽々木《そそぎ》海岸を眺望し、中腹に奇岩の千体地蔵や古刹の岩倉寺《いわくらじ》、山麓に国指定重要文化財の旧家があり、能登《のと》の自然と歴史に同時に触れることができるのが岩倉山だ。曽々木海岸から千体地蔵、岩倉寺を経て山頂に登り、時国《ときくに》へ下山するコースを紹介しよう。

　曽々木口バス停から岩倉山北西面の断崖絶壁を前方に見ながら、八世乃洞門《はせのどうもん》新トンネル手前の登山口である**曽々木ポケットパーク**まで歩く。登山道は平成19年に発生した能登半島地震の被害で旧道が崩壊したため、つけ替えられたものだ。橋を渡って石段をしばらく登ると、岩倉寺との**分岐**に突き当たる。

　左に折れて少し進むと、手すりやロープがある急勾配の階段となり、息をきらせながら登りきると**千体地蔵**前の展望台に着く。千体地蔵は流紋岩の柱状節理が風化によって石仏群のように見える自然の造形だ。眼下には曽々木海岸の眺望が広がり、晴天時には七ツ島を望むことも

■**鉄道・バス**
往路＝JR北陸本線金沢駅から北陸鉄道バス輪島特急線で輪島駅へ。所要2時間10分。輪島駅前から北鉄奥能登バス町野行きに乗り、曽々木口バス停へ。所要約47分前後。
復路＝下時国バス停か上時国バス停から往路のバスで輪島駅へ。所要37分前後。

■**マイカー**
北陸自動車道森本ICから、のと里山海道、県道57号、6号を経由して窓岩ポケットパークに駐車。約127キロ。

■**登山適期**
積雪がなければ通年登山可能だが、冬は登山道が凍結するので、春から秋がよい。

■**アドバイス**
▽下山は岩倉寺から窓岩への遊歩道を利用してもよい。
▽周辺一帯は窓岩、波の花遊歩道、

波の花舞う冬の窓岩

垂水の滝などがある能登半島有数の観光スポットで、曽々木には民宿や旅館が多い。
▽江戸時代に騏山和尚が開き、明治時代に大改修された手掘りのトンネ

できる。

　急階段を慎重に下って**分岐**まで戻り、まっすぐ緩やかな山腹の道を進む。車道に出たら、岩倉寺境内手前で左の登山道に入る。スダジイ、タブノキ、カエデ、松などの天然林が茂る道沿いには多くの石仏が並ぶ。

　旧道との合流点で右に折れ、少し登れば、左側に三角点のある**岩倉山**山頂だ。見通しはまったくない。少し先のアンテナが立つ広場から岩倉寺へ下る道があるが、険しい部分があるので、一般には往路を戻ろう。

　車道に下りるとすぐ左が**岩倉寺**だ。古くから霊山として信仰されてきた古刹で、7世紀半ばに開かれたと伝わる。境内には石塔や石仏が立ち並んでいる。

　山門から苔むした石段を下ると舗装された車道に出る。その道をたどれば時国側の登山口に着く。左へ行けば下時国家、上時国家がある。

（山口光男）

自然の芸術作品　千体地蔵

CHECK POINT

八世乃洞門新トンネル手前から階段の多い道を登っていく

岩倉山山頂への登山道沿いには石仏が並んでいる

岩倉山山頂の3等三角点。眺望はきかない

古くから霊山として崇められてきた古刹の岩倉寺

ルが、「波の花遊歩道」の一部となっている。

▽時国には、源平合戦に敗れて能登に流罪となった平時忠を祖先とする上時国家と下時国家（ともに国指定重要文化財）がある。

■問合せ先
輪島観光案内センター☎0768・23・1100、北陸鉄道テレホンサービセンター☎076・237・5115

■2万5000分ノ1地形図
曽々木

48

青い海と白い灯台、そしてユキワリソウで人気の山

猿山

さるやま
332m

日帰り

歩行時間＝2時間05分
歩行距離＝3・8km

技術度

体力度

コース定数＝**8**

標高差＝113m

累積標高差 ↗328m ↘543m

日本海に突き出た小崎から見た猿山

猿山ならではのユキワリソウ群落

猿山は、長靴を逆さにしたような能登《のと》半島のかかとにあたり、輪《わ》島《じま》市西端に位置している。ユキワリソウ群生地として有名で、3月下旬の開花に合わせて「雪割草まつり」が行われており、期間中の入山には環境保全協力金が必要だ。登山口は北側の猿山岬と、南側の深見《ふかみ》からの2箇所ある。ここでは猿山岬口から登り、深見へ下山するコースを紹介しよう。

輪島市門前《もんぜん》町から市道間垣《まがき》線を通り、海岸線沿いに南下する。小《こ》崎《さき》を回ると、行く手に猿山の全景が見える。さらに道なりに進むと猿山岬駐車場があり、目の前の**猿山岬口**から歩きはじめる。

海側の道を木の間ごしに海を眺めながら行くと逢瀬《おうせ》橋に出合う。橋を渡り、階段を登ると**猿山岬灯台**だ。ひと休みして、日本海を眺めるとよい。

この先、道は海側と山頂方向に分かれるので、山頂へのルートを進む。道の両側斜面にユキワリソウ群生地が次々と現れ、猿山最大の群落となっている。白、薄紫のかわいい花の斜面は圧巻だ。

山頂ルートをさらに進むと休憩場所があり、山頂と深見の**分岐**に出る。左へ行くと、**猿山**頂上に登り着く。3等三角点の山頂だが、眺望はきかない。

分岐まで戻ると、道の先に深見のユキワリソウ群落地があり、赤や紫の花が多い。それから崖につけられた木道が続き、しばらく行くと、前方眼下に深見の集落が見えてくる。甍《いらか》の波、海の波を眺めながら、ジグザグの急坂を下ると**深見口**に下りる。

山頂から猿山岬に戻るには来た道を戻る。または山頂から山側ル

■鉄道・バス

往路・復路＝のと鉄道穴水駅から北鉄奥能登バス門前行きに乗り、終点の門前バス停下車。所要約37分。門前からは入山口、下山口ともにバス便はなく、タクシーを利用する。なお、ユキワリソウのシーズン中には「門前雪割草まつり」が開催され、門前「禅の里」からシャトルバスが運行される、所要約40分。詳しくは輪島市門前総合支所に問合せるとよい。

■マイカー

猿山岬口の駐車場を利用して、猿山を周回するコースプランにするとよい。北陸自動車道森本ICから、のと里山海道、県道1号、7号、国道249号、県道266号などで猿山岬駐車場へ。約115㌔。

ートをとり、猿山岬口へ下りてもよい。山頂を経てしばらく行くと、ユキワリソウとキクザキイチゲの群落がある。花を見納め、ジグザグの急な階段を慎重に下りたら、目の前が駐車場だ。（小西光子）

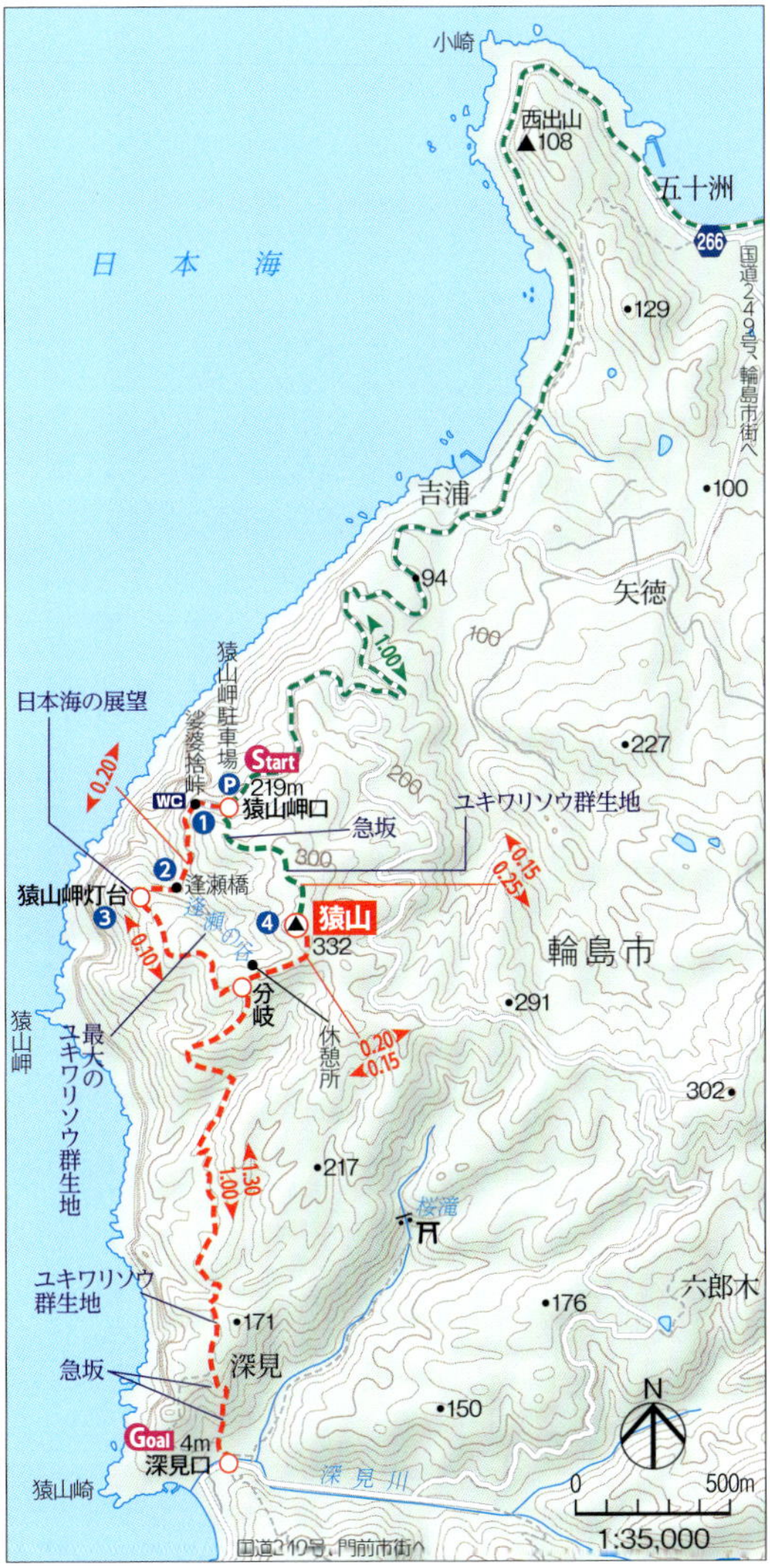

CHECK POINT

娑婆捨峠登山口から遊歩道を逢瀬橋に進んでいく

海岸が迫る谷にかかる逢瀬橋を渡るとすぐに猿山岬灯台だ

猿山岬灯台。かっこうの休憩場所だが、見えるのは日本海だけだ

三角点のある猿山頂上。樹林に囲まれ、展望はない

■登山適期
ユキワリソウが開花する3月下旬〜4月上旬がおすすめ。10月下旬〜11月下旬の紅葉もよい。

■アドバイス
▽猿山のユキワリソウはオオミスミソウに分類される。ライブ映像が輪島市ホームページで見られる。
▽猿山岬灯台は年に一度、「雪割草まつり」の時に一般公開される。期日は観光協会に要問合せ。

紫、赤のユキワリソウが多い深見群落

■問合せ先
輪島市門前総合支所☎0768・42・8720、北鉄テレホンサービスセンター☎076・237・5115、鳳南タクシー☎0768・42・0122

■2万5000分ノ1地形図
能登黒島・皆月

49

日本五大山城のひとつで、能登畠山氏の居城を訪ねる

七尾城山

ななおじょうやま
380m（松尾山）

日帰り

歩行時間＝3時間05分
歩行距離＝9・0km

技術度
体力度

コース定数＝**15**

標高差＝336m

累積標高差 600m 600m

七尾城は能登《のと》畠山氏の居城で、複雑な尾根の地形を巧みに生かして築城され、難攻不落を誇った。当時のみごとな石垣が状態よく保存されており、国の史跡に指定され、「日本100名城」「日本五大山城」のひとつでもある。

七尾市街地、七尾湾を展望

保存状態のよい石垣が残る

古屋敷《ふるやしき》町にある**七尾城史資料館前**が起点。大手道の標識にしたがって資料館右手へ進み、民家の間の狭い道から、能越《のうえつ》自動車道の下をくぐる。拝むと歯痛が治るといわれる立石《たていし》の地蔵を左に見て、民家の突き当たりを右折、舗装された林道を進むと右手に山道がのびる。階段状の道を上がると**赤坂口**で、「歴史の道」の石碑が立ち、平坦な杉植林地の中に道が続く。

長坂からは本格的な山道となる。平坦な杉林、竹林と進み、七尾湾や能登島の展望のきく箇所もある。時鐘堂跡、七曲《ななま》がり、番所跡など、当時の遺構が連続しており、退屈しない。

袴腰《はかまごし》の三差路まで進むと、右手の安寧寺《あんねいじ》跡広場に畠山氏の墓などがある。尾根の右手から回りこむように進み、3段の急な階段を登ると三ノ丸跡、これを横切って反対側を下り、再び急な階段を登って二ノ丸跡、少し下って温井《ぬくい》屋敷跡、杉木立の中の桜馬場跡、石垣沿いに登ると**七尾城山**山頂の本

■**鉄道・バス**
往路・復路＝JR七尾線七尾駅から七尾市コミュニティバスのマリン号に乗り、城史資料館前バス停下車。所要13分前後。

■**マイカー**
能越自動車道七尾城山ICから約2・5㌔。山上に本丸跡駐車場、本丸北駐車場、展望台登り口駐車場などがあり、城史資料館の向かい側にはトイレ付き休憩舎と大きな駐車場が整備されている。

■**登山適期**
春から秋まで、いずれのシーズンでも登山可能。

■**アドバイス**
▽七尾城は戦国時代、尾根筋に多数の屋敷を配置、麓には城下町を形成、京の文化人との交流も盛んで山上都市を形成していた。
▽七尾城史資料館には、七尾城跡や城下から出土した日常用具や天目茶碗、水晶製五輪塔型舎利容器や、畠山氏の愛刀、長槍、螺鈿の鞍などの武具類や城主の書簡も展示され、戦国時代の庶民や武家の生活の一端を知ることができる。
▽七尾城の名を一躍有名にした「霜は軍営に満ちて 秋気清し 数行の過雁 月三更 越山併せ得たり 能州の景 さもあらばあれ家郷の遠征を憶うを」の漢詩「九月十三夜」は上杉謙信が天正5（1557）年、七尾城を攻

丸広場だ。奥に鳥居と城山神社が祀られている。眼下に七尾湾と能登島を見わたし、それをまたぐ能登島大橋も見えている。

本丸駐車場からは展望台まで車道を歩く。三角点のある380メートルの**松尾山**山頂には展望台が建ち、七尾湾、能登島をはじめ富山湾の向こうに北アルプス北部の山々も展望できる。航空レーザー測量調査により松尾山付近までもが城域に含まれることが判明しており、その規模の大きさが知れる。

この先は本丸駐車場まで戻り、樋《とい》の水のある巻道経由で下山する。（元藤映了）

CHECK POINT

城史資料館からの道は大手道で、地元では旧道とよばれる

七曲がり前後で、時鐘跡、番所跡などの遺構を通る

安寧寺跡。七尾城ゆかりの畠山氏などの墓がある

杉木立の桜の馬場跡。天気によりこんな風景も

七尾城本丸広場。眼下に七尾湾と能登半島が美しい

松尾山の展望台。七尾湾、能登島や北アルプスも見える

松尾山から七尾城山を望む

めた際に詠んだといわれる。

▽七尾城山の北西3キロの田園地帯に能登国分寺跡がある。古代史、古代地方政治の理解に貴重な資料を提供するとして国の史跡に指定。

■問合せ先

七尾市ふるさと振興課☎0767・53・1134、北鉄能登バス☎0767・54・8727、ななおコミュニテイバス☎0767・53・1117

■2万5000分ノ1地形図

七尾

50

石動山

ブナ原生林に覆われた一大宗教拠点

せきどうさん
564m

日帰り

歩行時間＝1時間55分
歩行距離＝2・9㎞

技術度 ■□□□□

体力度 ■□□□□

コース定数	＝7
標高差	＝111m
累積標高差	↗253m ↘253m

パノラマ展望台から石動山山頂の大御前を見る

開山に諸説あるが、泰澄大師が開山したとも伝えられる。かつては山岳宗教の一大拠点であった山だ。最盛期には360余坊、3000人の宗徒がいたとも伝えられ、たび重なる戦乱により栄枯盛衰を繰り返してきた。前田利家が七尾《ななお》に入部するや、越後《えちご》の上杉勢に利用されることをおそれ、徹底的に攻略し勢力を抑えた。その後復興したものの、明治初期の神仏分離令により瓦解。現在は伊須流岐比《いするぎひ》古《こ》神社や、江戸時代に存在した58坊のうち、唯一現存する萱ぶきの旧観坊《きゅうかんぼう》、復元された大宮坊《おおみやぼう》などのほか、僧房跡や礎石が多数残り、山全体が国指定の史跡となっている。

石動山資料館の向かいから伊須流岐比古神社への石段を登る。脇に霊水が流れる道を、鳥居をくぐり、さらに石段を登ると**伊須流岐比古神社**の社殿がある。左側の水平道を進むと左手に民家を見て、移築されて礎石だけが残る**仁王門《におうもん》跡**に出る。

ここから直進してジグザグの石段を登る。ブナ林に入ると、平地に礎石だけの剣《つるぎ》の宮跡、火の宮跡がある。急な階段を登りきると三差路となり、さらに左方向への石段を登ると大御前《おおごぜん》で、**石動山**山頂だ。小さな社が建ち、白山《はくさん》信仰の痕跡も残る。富山湾の一部も展望できる。

三差路まで戻ったら左へジグザグ道を下る。鞍部の杉林の中に梅の宮跡、登り返すと**石動山城跡**で、空堀、曲輪の遺構が残る。

城跡から下り、石橋を渡って左方向へ向かうと、鞍部に**庚申供養**

■**鉄道・バス**
往路・復路＝最寄りの公共交通機関からは遠く、マイカー利用が一般的。

■**マイカー**
能越自動車道氷見北ICから国道160号、県道18号などで石動山資料館へ、約16㌔。

■**登山適期**
低山ながら積雪は多く、雪の季節は通行止めになることもあるので避けたい。5月の新緑と秋の紅葉のシーズンがおすすめ。

■**アドバイス**
▽登山口の石動山資料館には、盛衰を繰り返した石動山の歴史を紹介している。復元された大宮坊の入館は無料。

復元された大宮坊

▽石動山城跡は、越後の上杉謙信が七尾城を攻略した際に本陣を置いたと伝えられる。
▽山麓の二宮から石動山に通ずる林道脇に、天日陰比咩神社が鎮座する。酒造の神が祀られ、往古より酒づくりが伝承されている。境内に建つみくりやで醸造されたどぶろくは、新嘗祭（12月5日）や初詣の際にふ

CHECK POINT

伊須流岐比古神社の階段を登り、社殿左の水平道を行く

▼

大御前が石動山山頂。白山信仰の小社が建ち、富山湾が見える

▼

鞍部から登り返すと石動山城跡。空堀や曲輪の遺構がある

▼

七尾市から石動山に向かう多根道に庚申供養塔が立っている

▼

パノラマ展望台からは大御前と剱岳や立山も望める

塔が残る。十字路になっており、これを直進し、緩い登りで林道亀《かめ》石《いし》線に出る。その向かい側のアテ（ヒノキアスナロ）林の中から尾根伝いに登れば**パノラマ展望台**に着く。ここからは大御前を間近に望み、富山湾の向こうに剱岳《つるぎだけ》や立山《たてやま》も眺められる。

下山は鞍部まで下り、十字路を左折、谷を渡っていくと、左に御《ご》廟《びょう》山《やま》、右に東林院《とうりんいん》跡を見て直進し、**資料館**へ戻る。

復元された大宮坊や旧観坊のほかに礎石だけの遺跡は数えきれない。道路から下にも僧坊跡が残され、遊歩道が整備されており時間の許す限り見学したい。

（元藤映了）

るまわれる。

▽井田地区の山あいにある不動滝は、石動山の修験者が修行した滝とも伝わり、修験者が往来した山道は「修験の道」として整備されている。毎年6月に滝開き行事が行われる。

■問合せ先

中能登町役場☎0767・74・1234

■2万5000分ノ1地形図

能登二宮

山頂へは急な階段道が続く

51

古墳と山城の歴史探訪ハイキング

末森山

すえもりやま
139m

日帰り

歩行時間＝2時間25分
歩行距離＝8・9㎞

技術度

体力度

コース定数＝**10**	
標高差＝126m	
累積標高差	↗309m
	↘309m

末森山は能登《のと》半島のくびれたところに位置し、能登・加賀《かが》・越中《えっちゅう》への交通の要として、古来より多くの古墳や城が築かれたことで有名だ。JR七尾《ななお》線宝達《ほうだつ》駅から末森城跡を回り、その近くの神社（古墳）に立ち寄り、さらに宝達山麓近くのモーゼパーク（三ツ子塚《みつごづか》古墳群）を散策する歴史探訪ハイキングを紹介しよう。

JR七尾線宝達駅東口を出て、JRと並行する国道159号押水《おしみず》バイパスへ向かう。**国道河原《かわら》交差点**を左折、標識にしたがって左手に入ると**末森城跡駐車場**とトイレがある。登山口は駐車場の向かい側を進み、国道にかかる陸橋を渡ったところにある。搦手口《からめて》コースは崩壊しているので、案内板にしたがって進む。杉林の中を緩く2回曲がると二の丸跡に着き、本丸跡へと進む。

末森山山頂の一部から日本海を眺め、籠城した兵士らが味方の旗を見た瞬間を思い描き、若宮丸《わかみやまる》を回って下山し、古墳跡を目指そう。

竹生野《たこの》は末森城跡駐車場に隣接した集落で、国道471号を海の方へ行くと集落中ほどに公民館がある。向い側住宅脇から裏山に行くと、古墳を土台にした**神明社**が建っている。古墳は前方後円墳と円墳の2段、11代垂仁天皇の皇女竹生比女の陵墓との伝承ありと記されている。どんな姫が祀られて

山麓から見る末森山

末森山本丸からの眺望

■鉄道・バス
往路・復路＝JR七尾線宝達駅が起点・終点となる。

■マイカー
北陸自動車道金沢森本ICから津幡バイパス、のと里山海道を今浜ICで降りて、県道229号、国道471号などで末森城跡駐車場へ。約34キロ。

■登山適期
積雪がなければいつでも可能。

■アドバイス
▽末森城の戦いは、天正12（1584）年9月、越中の佐々成政が加賀・能登分断をねらい、大軍で末森城に攻めた戦い。末森城の前田軍は少数で本丸に籠城。翌日午後、前田利家は金沢城から出陣。翌々日未明に

CHECK POINT

車は末森城跡駐車場に停める

細い車道を登山口に向かう

国道159号を陸橋で渡る登山口

末森城跡の道を本丸跡へ

竹生野の古墳跡に建つ神明社

三ツ子塚古墳群のモーゼパーク

いるのか想像しながら参拝していこう。

押水バイパス下から国道471号を南へ行く。「河原」交差点で左折、しばらく進むと左手の「モーゼパーク」の看板で左折、山手に上がっていくと駐車場がある。一帯は森林浴の公園として整備されている。駐車場脇のポケットパークを右手に見て、山の方へ上がり、分岐で右のロマンの小路へ進む。その小山が古墳で、3基中最大の2号墳が「モーゼの墓」という。森林浴がてら小1時間で散策できる。

帰りは、河原交差点を渡り、県道229号沿いに海の方へ進む。**国道河原交差点**を渡り、しばらく行くと**宝達駅**に戻る。（小西光子）

海岸沿いを北上、搦手口から佐々軍を攻め前田軍は辛勝した。

モーゼの墓とされる古墳

▽モーゼパーク（三ツ子塚古墳群）は、もとは「三ツ子塚古墳群」とよばれていたが、ユダヤの民を導いたモーゼがユダヤの民をイスラエルに導いたのち、船で宝達山にたどり着き、三ツ子塚古墳に眠るという伝説をもとに、宗教色のない史跡公園として整備したもの。

■問合せ先
宝達志水町企画振興課☎0767・29・8250、敷浪タクシー☎0767・29・2172

■2万5000分ノ1地形図
宝達山・羽咋

52

北アルプスの展望がすばらしい能登の最高峰

宝達山

ほうだつさん
637m

日帰り

歩行時間＝4時間10分
歩行距離＝9・7km

技術度

体力度

コース定数＝23

標高差＝533m

累積標高差 ↗1169m ↘1169m

麓から望む山頂とアンテナ

宝達山にはかつて金山があり、加賀《かが》藩の重要な財源として、江戸時代前期まで採掘されていた。能《の》登《と》地域の最高峰で、加賀・能登・越中《えっちゅう》の広範な眺望を楽しむことができる。ブナ林に覆われた山頂には国土交通省の雨量レーダーなどのアンテナが立ち並び、北アルプスも展望できる。

JR七尾線免田《めんでん》駅から山手の東《あず》間《ま》地区に向かう車道を進む。手速《てはや》比咩《ひめ》神社をすぎてすぐの道路脇にトイレがあり、橋を渡ってすぐ左に駐車スペースがある。その手前、左方向へ分岐する道の入口が**登山口**。「こぶしの路」の標識があり、山頂への起点となる。

山上駐車場から日本海を見る

この道を少し登ると湧き水があり、すぐに右手の細い沢にかかる橋を渡り、杉林の中に登山道がのびている。やや急な道だが、よく手入れされている。登山道脇には植物の名前と説明が書かれた看板が、頂上までのいたるところに設置されている。

送電線の**鉄塔**の下をすぎると緩やかな尾根歩きとなり、途中、木の間越しに日本海が望める。中間地点の平坦地にはベンチがあり、さらに進んで急な階段状の道を登って林道を横切る。樹林帯を尾根伝いに登り、舗装された頂上へ続く**車道**に出合う。これを横切り、急登をすぎると斜面伝いにアップダウンを繰り返す。

小沢を渡ると、階段状の最後の急登になる。小さな鳥居をくぐり、東京スカイツリーと同じ高さであることを示す標識をすぎると**宝達山山頂**だ。手速比咩神社上社と1等三角点があり、北アルプスの山々、石動山《せきどうさん》などの能登の山、金沢平野が望まれる。山頂北側斜面にはブナ林が広がり、一周する遊歩道がある。

下山は車道を山上駐車場に向かう。ここから遊歩道が整備されて

■鉄道・バス
往路・復路＝JR七尾線免田駅が最寄り駅。バス便はないので、登山口までの4・2㌔を歩くことになる。一般にはマイカー利用者が多い。
■マイカー
北陸自動車道金沢森本ICから国道159号、8号、県道59号、75号などで手速比咩神社そばの駐車場へ。約26㌔。
■登山シーズン
山麓の八重桜が咲きはじめる4月初旬ごろから山頂一帯のブナが紅葉す

いる山上のオアシス・**夫婦池**《めおと》に立ち寄り、山上駐車場に戻る。舗装道路を少し行くと、登ってきたこぶしの路があり、これを下る。（嶋田英一）

CHECK POINT

1 手速比咩神社のすぐ先で左に分岐する林道に入っていく

2 林道に入るとすぐに湧水で、細い沢の向こうの杉林に入る

3 中間地点にあるベンチ。少し先から急な階段道になる

4 頂上直下634メートルに建つ手速比咩神社上社の鳥居

5 頂上裏側にはブナ林が広がり、遊歩道で一周できる

6 山上のオアシス夫婦池。池畔の周遊道を回っていこう

る秋まで楽しむことができる。登山道のこぶしの路は、樹林帯を通るので、風通しが悪く、夏場は避けた方がよい。

■アドバイス

▽東間に鎮座する手速比咩神社下社は、崇神天皇の創建と伝えられる。天正12（1584）年9月、佐々成政の末森城攻めの際に兵火にあい焼失、その後再建されている。社叢の主木はヤブツバキで、樹齢400年以上のものもある。前田家より配与されたアテの木は、町の天然記念物に指定されている。

▽日本列島を縦断し2000キロ以上の旅をするアサギマダラの通過コースにあたり、マーキングによる調査が行われている。

▽山上にあった休憩施設の山の龍宮城は災害により撤去され、2024年春に場所を変えて新築オープンする予定。展望と休憩スペース、軒下にはウッドデッキも備えられようだ。

▽宝達山麓に自生する葛の根から精製された宝達葛は純度が高く、品質もよい。滋養強壮、整腸に効果があるとされ、製菓材料や葛湯に利用されている。

■問合せ先

宝達志水町企画振興課☎0767・29・8250

■2万5000分ノ1地形図

宝達山

金沢ふるさと愛山会の山行風景

●著者紹介

金沢ふるさと愛山会（かなざわふるさとあいざんかい）

石川県の山の調査・紹介を手がけていた金沢ナカオ山岳会の流れをくんで、平成21年5月に発足した山岳会。石川県の山を中心に北陸の山など、ふるさとの山にこだわり、山を愛する登山活動、奉仕活動のかたわら、その他地域の著名な山にも登っている。

会員数は13名と少ないが、自然公園指導員や県立自然公園巡視員の委嘱を受け活動している会員も含まれている。登山道の整備も手がけ、会としての著書に『石川／ふるさと100山』がある。

本書の執筆者

元藤映了・三谷幹雄・山口光男・小西光子・村上秀明・東 京子・曽谷正俊・島野眞人・嶋田英一

分県登山ガイド18

石川県の山

2018年 8 月20日 初版第1刷発行
2023年 5 月 5 日 初版第2刷発行

著　者 ―― 金沢ふるさと愛山会
発行人 ―― 川崎深雪
発行所 ―― 株式会社 山と溪谷社
〒101-0051
東京都千代田区神田神保町 1 丁目 105 番地
https://www.yamakei.co.jp/

■乱丁・落丁、及び内容に関するお問合せ先
山と溪谷社自動応答サービス　TEL03-6744-1900
受付時間／ 11:00 ～ 16:00（土日、祝日を除く）
メールもご利用ください。
【乱丁・落丁】service@yamakei.co.jp
【内容】info@yamakei.co.jp

■書店・取次様からのご注文先
山と溪谷社受注センター
TEL048-458-3455　FAX048-421-0513
■書店・取次様からのご注文以外のお問合せ先
eigyo@yamakei.co.jp

印刷所 ―― 大日本印刷株式会社
製本所 ―― 株式会社明光社

ISBN978-4-635-02048-0

●編集
WALK CORPORATION
皆方久美子
●ブック・カバーデザイン
I.D.G.
● DTP
WALK DTP Systems
水谷イタル　三好啓子
● MAP
株式会社 千秋社

●乱丁、落丁などの不良品は送料小社負担でお取り替えいたします。
●定価はカバーに表示してあります。

■本書に掲載した地図は、国土地理院長の承認を得て、同院発行の数値地図（国土基本情報）電子国土基本図（地図情報）、数値地図（国土基本情報）電子国土基本図（地名情報）、数値地図（国土基本情報）基盤地図情報（数値標高モデル）及び数値地図（国土基本情報 20 万）を使用したものです。（承認番号　平 30 情使、第 432 号）
■各紹介コースの「コース定数」および「体力度のランク」については、鹿屋体育大学教授・山本正嘉さんの指導とアドバイスに基づいて算出したものです。
■本書に掲載した歩行距離、累積標高差の計算には、DAN 杉本さん作製の「カシミール3D」を利用させていただきました。